한국문학 비평과 문학사의 이해

"이 교재는 2006년도 충주대학교 대학구조개혁지원사업비(교육인적자원부 지원)의 지원을 받아 수행한 연구임"
The research was supported by a grant from the University Restructuring Program(funded by the Ministry of Education and Human Resources Development) of Chungju National University.

교양인의 책읽기와 글쓰기 003
한국문학 비평과 문학사의 이해

2007년 6월 30일 1판 1쇄 발행 / 2022년 9월 7일 1판 2쇄 발행

지은이 한원균 / 펴낸이 임은주 / 펴낸곳 도서출판 청동거울 / 출판등록 1998년 5월 14일 제406-2002-000128호
주소 (12284) 경기도 남양주시 다산지금로 202 (현대 테라타워 DIMC) B동 3층 17호
전화 031)560-9810 / 팩스 031)560-9811 / 전자우편 cheong1998@hanmail.net

주간 조태림 / 편집 이선미 / 디자인 박우경 / 영업관리 김상식

값 12,000원

잘못된 책은 바꾸어 드립니다.
지은이와의 협의에 의해 인지를 붙이지 않습니다.
무단 전재 및 무단 복제를 금합니다.
ⓒ 2007 한원균

Copyright © 2007 Han, Won Gyun
All right reserved.
First published in Korea in 2007 by CHEONGDONGKEOWOOL Publishing Co.
Printed in Korea.

ISBN 978-89-5749-088-4

교양인의 책읽기와 글쓰기 003

한국문학 비평과 문학사의 이해

한원균 지음

청동거울

머리말

　문예창작학 강의실에서 비평과 문학사를 강의하는 일은 여러 가지로 어려운 점이 많다. 비평이 차지하는 현실적 위상이 약화된 것이 첫째 이유이고, 이론이 바탕이 된 문학사적 안목을 빠른 시간 내에 갖추기가 어렵다는 점이 두 번째 이유이다.

　N, 프라이는 문학을 가르칠 수 있는가라고 물었지만, 문학비평 또한 강의실에서 제대로 가르칠 수 있는 것인지 진지하게 물어야 할 것이다. 대체로 문학비평의 방법론을 이론적으로 이해하는 일과 실제 비평을 창작하는 일은 병행되기 어렵기 때문이다. 비평은 삶을 이해하는 철학적 안목과 이론적 지식이 요구되는 지난한 작업이지만, 작품에 대한 감성적 반응과 정서적 긴장에 대한 자기이해 역시 긴요하기 때문이다.

　하지만 비평에 대한 몇 가지 오해와 편견이, 문학을 이해하고 창작하는 데 있어서는 전혀 무의미하다는 점 또한 강조될 필요성이 있다. 문예창작학 강의실에서 비평은 비평가만을 양성한다는 생각에서 벗어나야 하기 때문이다. 비평은 작품을 이해하는 폭넓은 시각을 제공하고 인접 학문에 대한 다양한 관심을 통해 '비평적 시각'을 획득하는 데 기여할 것이다. 문학작품을 분석하고 이해하는 일은 역사, 철학, 물리학, 사회학, 정신분석학, 심지어는 병리학이나 보건학의 성과를 통해 그 외연이 확장되기 때문이다. 이제 비평 교육은 비평적 시각을 견지하는 데 그 초점이 맞추어져야 한다. 이는 문학을 문화의 영역에서 폭넓게 이해하고자 하는 포스트모던한 관점을 수용한 결과이다.

문학 작품에 대한 이론과 비평, 그리고 문학사는 일정한 의미망을 통해 구조화되어 있다. 작품을 통한 이론적 추상은 비평의 방법론으로 작용하며, 문학사는 그 의미들의 연관관계를 통해 유의미성이 획득되기 때문이다. 문학사 방법론의 이해와 안목의 정립은 또한 개별 작품론에 중요한 영향을 미친다. 이론, 비평, 문학사는 문학에 대한 총체적 이해를 위한 가장 중요한 의미구조를 형성한다.

이번 교재는 학생들로 하여금 비평과 문학사의 기초적 안목을 갖게 하고자 만들어진 것이다. 실제 강의를 진행하는 순서에 따라 내용이 구성되었으며, 학생들의 보고서와 발표 등의 작업과 함께 본 교재도 더욱 충실하게 다듬어질 것이다. 2006년도 충주대학교 대학 특성화 사업의 일환으로 제작된 이 책의 내용은, 향후 강의를 통한 의사소통과 문학 주변의 환경 변화를 고려하여 더욱 보완될 것으로 생각한다.

여러 가지 힘들고 바쁜 가운데에서도 이 교재를 출간해 주신 청동거울 식구들께 진심으로 감사드린다.

2007년 6월
삼봉 아래 우거(寓居)에서
한원균

차례

머리말 • 4

제1부 문학비평의 개념과 실제

1. 창조적 비평의 가능성 • 10
2. 비평의 개념 • 11
3. 비평적 교육론과 실제비평의 방법 • 13
4. 문학비평의 방법론 • 23
5. 실제비평의 논리 • 29
6. 문화적 비평연습을 위한 예시 • 80

제2부 한국문학사의 방법과 쟁점

1. 문학사란 무엇인가 • 86
2. 르네 웰렉 · 오스틴 워렌의 문학사론 • 86
3. 기존 문학사 검토 • 89
4. 김현 · 김윤식 문학사의 방법론 검토 • 91

5. 한국근대문학의 개관 • 96

6. 한국문학사의 주요쟁점 • 101

제3부 부록

1. 근대, 근대성, 미학적 근대에 관한 시론 • 118

2. 타자성, 비판, 인정투쟁―21세기 한국문학을 생각한다 • 122

3. 생태주의 시와 시론의 의미와 한계 • 124

*참고문헌 • 127

제1부
문학비평의 개념과 실제

1. 창조적 비평의 가능성
2. 비평의 개념
3. 비평적 교육론과 실제비평의 방법
4. 문학비평의 방법론
5. 실제비평의 논리
6. 문화적 비평연습을 위한 예시

문학비평의 개념과 실제

1. 창조적 비평의 가능성

　문학비평이란 무엇인가라는 질문은 문학이란 무엇인가라는 질문만큼 외연과 내포가 크지만, 우리의 강의에서는 비평의 현실적 맥락, 즉 한국문학과 관련된 범위에서 비평의 개념과 실제에 대하여 탐구해 보기로 하겠다. 문학의 개념을 묻는 질문이 구체적인 작품현상에 대한 현실적 접근을 통해서 이루어질 수 있듯이, 비평의 개념 역시 개별 작품에 대한 구체적이고 현실적인 접근을 시도하는 과정에서 드러날 것이다.

　특히 기존 교과서의 비평론은 비평을 매우 어렵고 추상적인 차원에서만 인식하게 하는 문제를 낳을 수 있으며, 좋지 못한 비난 행위, 혹은 작품에 대한 일면적인 해설의 수준에서 비평을 이해하게 한다. 따라서 우리의 강의에서는 비평의 현장에서 비롯되는 육감의 비평, 독자와 교감하는 비평, 비평가의 내면성을 드러내는 비평의 구체적인 현상으로 접근을 시도할 것이다. 특히 비평의 창조성을 강조하면서 동시대 한국문학에서 비평이란 무엇인가라는 질문에 대한 유효한 답변이 가능할 것으로 판단한다.

2. 비평의 개념

흔히 비평은 작품이 지닌 문제점을 부각하면서 비판을 위주로 이루어지는 것으로 이해되기도 한다. 물론 비판이 제거된 비평은 창조적 생산성을 담지하기 어렵겠지만, 비평행위를 통해서 이루어지는 비판은 일반적인 의미에서 비난과 그 성격이 다르다. 비판이란 합리적인 판단의 근거가 확보된 토론과정의 하나이며, 문제해결을 위한 대안의 제시가 지속적으로 이루어지는 담론행위를 의미한다. 또한 비판은 작품의 문제와 함께 의미를 동시에 제시하면서 독자들로 하여금 삶에 대한 유의미한 방향을 모색하게 하는 생산적인 역할을 담당해야 한다. 나아가서 비판은 비판을 시도하는 비평가의 자기비판을 포함하기도 하는데, 이는 작품을 둘러싼 세계관의 다양한 개진과 토론을 허용하는 문학행위의 하나가 비판이라는 점을 알게 한다.

❖문예학

문예비평, 즉 'criticism'은 이론이나 시학 등을 포함하는 넓은 의미로 사용된다. 이는 대개 하나의 작품현상을 대상으로 이루어지는 매우 구체적인 분석 평가행위를 뜻한다. 이럴 경우 문학비평은 크게 세 가지 차원에서 이루어진다. 첫째 작품에 대한 충실한 분석과 해설, 둘째, 작품의 의미에 대한 해석과 재해석, 셋째, 다른 작품과의 상호관련성 및 사적인 의미 파악 등이 그것이다. 이를 정리하면 구체적인 작품을 대상으로 하는 비평행위는 자료에 대한 설명·해석과 가치평가 evaluation의 과정이라고 요약된다. 가치평가는 비평행위와 문학연구에서 중요한 의미를 지니는데, 다음과 같은 형태로 구분되기도 한다.[1]

	A. 가치평가의 유무에 따라
문학연구	ⓐ 비평·····················있음
	ⓑ 학문(문예학, 작가, 작품연구, 문학사)····없음
	B. 대상에 따라
	ⓐ 문예학·····················일반적 대상
	ⓑ 작가 작품연구···············넓은 의미의 비평
문학연구	ⓒ 비평
	ⓓ 문학사

문학비평은 일차적으로 작품읽기를 전제로 한다. 작품은 비평행위의 가장 기본적인 텍스트이며, 비평은 작품이 선행되는 조건에서 이루어진다. 물론 이론에 대한 비평, 즉 메타비평과 주세비평도 가능하지만, 엄밀하게 말해서 이들 역시 작품현상을 전제로 성립된 담론이므로 비평의 기본은 작품이라고 할 수 있다.

작품이 전제되고 나면 비평가는 그것을 어떠한 관점으로 읽을 것인가를 결정한다. 물론 충실한 작품읽기가 선행되고 난 후에 이같은 관점은 결정되지만, 대개의 경우 작품을 읽어가는 과정에서 이러한 관점은 발생한다. 이때 비평가는 작품을 하나의 완결된 세계로 인식한다. 문학작품이 완결된 세계를 이룬다는 생각은 대개 구조주의자들에 의해 완성된 것이지만, 실제 비평에 있어서 비평가는 작품을 언어적으로 축조된 의미있는 구조물이라는 인식 위에 서야 한다.

작품과 비평적 담론을 매개하는 것은 비평가의 세계관이다. 세계관이란 삶을 이해하고 인식하는 체계적인 사유형태를 의미한다. 비평행위는 작가의 세계관과 비평가의 세계관이 만나는 공간에서 이루어지는 적극적인 담론 교환행위이다. 이를 도식화하면 다음과 같다.

※ 비평과 입장(standing point)

비평가는 작품에 대하여 일정한 해석과 가치판단을 가한다. 이때 작품은 다양한 해석이 가능한 열린 구조로 인식될 필요가 있다. 각각의 세계관에 근거한 작품 분석과 해석은 하나의 비평적 관점을 제시하게 되고 이러한 비평관은 작품을 좀더 풍부하고 다양하게 이해하는데 도움을 줄 수 있다. 비평가가 하나의 입장(立場, standing point)에 선다는 것은 다른 입장들을 체계적으로 배제하는 결과를 낳게되는데 이를 비평적 도그마(dogma)라 한다. 이는 단순한 독선과 고집이 아니라, 선택된 관점에 대한 논리적이고 합리적인 판단의 근거를 말한다. 이를 체계화한 것을 방법론이라 하는데 이는 다음 장에서 논의하기로 하겠다.

3. '비평적 교육'론과 실제비평의 방법

1) '비평적 교육'이란 무엇인가?

문예창작과에서 이루어지는 창작교육에 대한 현실적 한계와 유효성에 대한 검토와 그 방향 설정에 대한 진지한 고찰이 뒤따라야 한다.

문화예술콘텐츠에 대한 높아진 사회적 관심은 문학교육의 근간을 변화시키게 하는 가장 중요한 원인 가운데 하나일 것이다. 문학 소비자의 다양한 요구를 대학교육이 발 빠르게 수용하기도 어려운 여건이며, 그렇다고 고전적인 문학론에 매달려 변화를 무시할 수도 없는 상황에 문학교육 담당자들의 고민이 놓인다.

이런 상황에서 창작교육, 특히 비평교육은 어떠한 위치에 놓여있으며, 어떤 방향을 수립해야하는지 고민하지 않을 수 없다. 문학비평 교육의 일차적인 목표가 비평가를 양성한다는 데에 있다는 소박한 논의는 이제 근본적으로 반성되지 않을 수 없다. 나는 이미 다음과 같은 제안을 한 바 있다.

① 비평교육은 '교양인' 양성교육이어야 한다
② 비평교육은 '비평적 교육'이어야 한다
③ 비평교육은 '비판적 지성'을 강화하는 교육이어야 한다[2]

비평교육론에서 '비평적 교육'의 핵심은 작품에 대한 형식주의적이고 분석적인 독해법을 지양 aufheben하고 주변학문의 도움을 얻어 작품해석의 다양성을 이해하면서, 동시대 문화현상에 대한 확장된 시각을 갖추게 하는데 있다. 그런데 최근 변화된 문화환경은 비평적 교육론의 문제를 보완하고 재검토를 요구하고 있다. 즉, ① 좀 더 현실적인 유효성을 획득할 것, ② 문화에 대한 이해보다 문화를 생산하는 방향성을 수립할 것이 그렇다. 다시말해 기존 대학 강의실에서 이루어지는 비평교육의 문제는 이제 더 이상 문제제기의 가치조차 상실하고 있는 것은 아닌지 고심할 수밖에 없다는 점이다.

비평교육의 현장에서 가장 널리 이루어지고 있는 문학비평의 방법론에 의한 분석적 독법은 ① 비평의 현장에서 이루어지는 비평행위와 일정한 괴리가 있고, ② 비평 행위의 현실적 유효성과 생산성을 요구하는 환경을 적극적으로 취입하기에는 무리가 있다는 판단 하에, 본고에서는, 비평교육은 〈비평적 교육〉이면서 동시에 〈생산적 교육〉이어야 한다는 점을 강조하면서 비평 강의실에서 이루어져야 할 바람직한 교육론의 방향을 모색하고자 한다.

2) 현장비평과 비평가 교육론

2-1) 방법론과 실제비평

문학비평과 관련된 교과목은 대개 〈비평 방법론〉과 〈실제 비평〉으로 크게 이원화되어 있다. 비평 방법론은 국어국문학과 교육과정인 〈문학연구방법〉과 크게 차별화되지 못한 내용으로 강의되고 있는 것이 사실이다. 가령, 역사주의, 형식주의, 심리주의, 사회윤리주의, 신화비평 등의 범주를 벗어나지 않는 범위에서 비평의 방법론이 이해되고 있다. 여기에 동양철학에 대한 최근의 높아진 관심이 작품 해석에 부분적으로 원용되기도 한다.

하지만, 실제 현장비평은 엄밀히 말해 이와같은 엄격한 기준에 의해서 이루어지지 않는다. 문학전문지에 실리는 비평은 월평, 계간평, 서평 및 주제론으로 나뉘는데, 한 편의 작품이 하나의 방법론으로 일관되게 해석되기 어려운 상황이다. 그 이유를 다음과 같이 생각해 볼 수 있다.

① 현장성을 강조하는 평론의 성격상 방법론을 크게 드러낼 수 없다는 점
② 한편의 작품을 분석, 해석하는 과정에서 기존의 방법론은 혼효될 수

있다는 점
③ 평론에서는 '작품으로부터' 견인되는 의미망의 형성이 중요하기 때문에 방법론은 자각적이지 못하거나 부차적일 수밖에 없다는 점

그럼에도 불구하고 방법론에 대한 학습의 필요성이 완전히 사라지는 것이 아니라는 점에 현실적 고민이 있다.

2—2) 실제비평의 과정

이와같은 어려움이 방법론과 실제비평을 접목한 형태를 학생들에게 제시하기 어려운 이유이다. 그렇다면 실제비평은 어떤 방식으로 이루어지는가. 이 점은 비평가의 개인차가 존재하는 사항이라서 표준화된 방법을 제시하기가 어렵지만, 현장비평이 이루어지는 몇 가지 과정을 학생들에게 설명하는 것은 필요하다고 판단된다. 한편의 비평문을 완성하는 방법은 크게 두 가지 형태가 있다는 점을 보여줄 필요가 있다. 즉,

① 작가(시인)의 대표적인 작품을 중심에 두고 파생된 의미를 해설하는 방법
② 공통의 의미를 드러내는 작품군을 분류하면서 해설하는 방법

그러나 어떠한 경우든 다음과 같은 과정은 필수적으로 거칠 수밖에 없다. 여기서는 시 비평을 예로 들어 어떻게 한권의 시집이나 시인에 대한 비평문이 완성되는지 그 과정을 서술해보자.

① 1차 작품 정독 : 선입견을 갖지 않은 상태에서 통독
② 2차 작품 정독 : 특징적인 시어나 문장에 대한 주의

③ 의미망에 대한 설계 : 서술방식 고려

④ 부제목의 확정 : 논리적 구조를 먼저 설계

⑤ 원고의 작성 : 서론 쓰기의 어려움, 제목 확정

⑥ 수정 : 문장의 완급, 호흡, 단어의 적절한 배치, 서술부의 명료성

2—3) 비평문 연습

학생들이 실제 비평문을 완성하여 발표하기 위해서는 다음 몇 가지 전제가 필요하다. 우선 학생들이 읽은 독서 경험을 중시하고 자신의 취향에 맞는 작품을 선택하도록 유도해야 한다는 것이다. 이를 위해서는 작품론 강의를 참고하여 학생들이 읽어야 할 목록을 학기 시작과 동시에 제시하는 것이 바람직하다. 혹은 이와같은 준비가 되지 않았을 경우, 학기 시작 2주일 내에 자신이 읽어서 비평문을 작성하고 싶은 작품 목록을 제출하여 교수가 사전에 조종하는 하는 것이 필요하다.

학생이 직접 자신의 관점에서 작품을 분석하여 한 편의 비평문을 완성할 때는 교수가 미리 일정한 형식적 제한을 마련해 두는 것이 효과적이다.

① 작품선택 이유

② 작품 분석에 사용된 가장 근접한 방법론

③ 작품의 구조적 특질

④ 현실적 상황과 작품의 상관성

⑤ 작품의 문학사적 의미

⑥ 참고문헌

이와 같은 내용이 일정한 틀 내에 갖추어질 수 있도록 하는 것이 좋다.

이때 발표의 분량을 원고지 40매, 혹은 A4용지 5매 등으로 엄격하게 정하는 것도 도움이 될 수 있다. 왜냐하면, 학부 강의에서 학생들의 발표는 그 편차가 심할 가능성이 있기 때문에 일정한 척도를 마련하는 것은 평가의 객관성과 용이성을 기할 수 있고, 때로는 발전 가능성이 있는 학생을 조기에 발굴할 수 있게 된다.

3) 비판적 지성과 교양교육론

3—1) 교양인 양성

문예창작학과에서 비평교육은 기본적으로 학생들의 작품 분석능력의 신장을 지향해야 한다. 작품에 대한 기초적 이해능력이 선행되어야 문학을 삶과 문화의 층위에서 설명하는 단계로 이행될 수 있다. 하지만 비평 강의실에서 이같은 교육목표가 내실있게 이루어지기 힘든 것이 사실이다. 그 이유로는 ① 비평가가 되기 위해서는 세계관의 형성과 변화, 그리고 합리적인 가치판단 능력의 신장 등이 이루어져야 하지만 단기간 내의 독서체험이 지니는 물리적 한계가 있고 ② 독서량의 유지와 강의에 관련된 학생들의 자발적인 참여의 부족과 일관성 있는 의지의 실현이 쉽지 않다는 점에 있다.

따라서 비평교육에서 비평가 양성 목표는 그 지평을 확대하여 비판적인 지성인을 양성하는 교양교육의 기본을 구축하는 방향으로 나아가야 한다. 즉, 문예창작과에서 이루어지는 문학교육이 시인, 소설가, 평론가 등 문학 전문가만을 양성해야 한다는 생각은 수정되어야 한다. 문학교육은 평생교육의 일환으로 문학을 수용하는 독자층의 변화된 기호를 반영하면서 문학 행위가 보편적 체험이 될 수 있도록 그 외연을 확대할 필요가 있다. 그러기 위해서 비평교육은 일단 다음의 두 가지 요인을 중요하게 고려할 필요가 있다.

① 작품을 다양하게 읽고 선택할 수 있는 능력
② 스스로 사유하고 성찰할 수 있는 능력

비평교육은 '자기문화에 대한 상식적 이해'와 '합리적 사유가 가능한 이성적 주체'의 형성에 필요한 인문학적 지성을 옹호해야만 한다는 점을 일관되게 강조할 필요가 있다.

3—2) 비판적 지성과 '비평적 교육론'

비평교육은 〈비평방법론〉과 〈장르비평론〉을 넘어서 좀더 포괄적인 차원에서 이루어져야 한다. 즉 작품에 대한 형식주의적 독법이 기존 문학교육에서 지녔던 한계를 인식하고, 주변의 학문과 긴밀한 관계 속에서 작품 해석의 폭을 넓히려는 시도가 비평 강의실에서 이루어져야 한다. 가령, 작품을 심리학의 관계 속에서 이해하려는 시도가 '또 다른 방법론'의 대입을 의미하는 것이 아니라, 읽는 사람의 내면과 반응하는 창조적 독법을 생산하는 것으로 이해해야 한다. 비평은 읽는 사람의 가치판단과 의견이 자유롭게 기술되는 행위, 즉 '창조적으로 문제의식을 생산하는 과정'[3]이기 때문이다.

4) 비평교육의 현실적 유효성

4-1) 독서 지도론과 글쓰기 교육

최근 각 대학의 문예창작과가 갖고 있는 공통의 고민의 하나는 취업률의 전반적인 저조현상이다. 대학 교육을 시장경제원리에 무차별적으로 맡겨버리는 신자유주의 정책이 학문의 서열화를 초래하고 메카시즘적으로 양산되는 지식이 대학교육의 질적 저하를 가져올 수도 있다는 비판이 매우 의미있기는 해도 당장, 대학들은 취업률이라는 척도를 통해 모든 학과, 학문을 재단하고자 한다.

이와같은 상황을 타개해 보고자 하는 시도가 최근 논술에 대한 높아진 관심과 결부되어 〈독서지도론〉 혹은 〈독서논술론〉 등의 과목이나 과정 설치로 나타나고 있다. 상당수의 문예창작과가 이같은 교육과정을 편성해 놓고 있는 실정이다.[4]

그런데 과연 이같은 교과목 몇 강좌를 이수한 후 교육 현장에서 초, 중, 고교생에게 올바른 독서의 방법과 논술을 지도할 수 있는지 의문이 아닐 수 없다. 문화, 역사, 사회, 철학 등 전반적인 학문분야에서 교사가 이미 일정한 수준의 독서량을 유지하고 있을 때 비로소 경쟁력을 갖게 될 수 있다는 점은 상식이다. 비평교육은 바로 이와같은 독서교육의 기초와 방법을 제시해야 하는데, 어떻게 하면 학생들에게 효과적인 책 읽기 교육을 할 수 있을까. 여기서 다음과 같은 몇 가지 방안을 제시해 보기로 하자.

① 한 학기에 일정한 도서목록을 제시하여 독후감을 취합, 성적에 반영
② 조별로 각기 다른 도서를 할당하고 토론 후 독후감을 제출(토론과정 포함)
③ 독후감은 일정한 형식과 분량을 유지(교수가 소제목 형식을 미리 제시)

④ 책에 밑줄을 그으면서 읽은 후 통째로 제출하여 읽었는지의 여부를 판단[5]
⑤ 5—6권 정도의 책을 정하고, 쪽지 시험이나 정기시험에 출제하는 방법

이와같은 책읽기 교육은 글쓰기 교육과 밀접한 관련을 갖는다. 최근 대학들은 교양교과나 전공 교과에 글쓰기 교육을 강화하고 있다. 물론 대학의 글쓰기 강의가 '자기소개서 쓰기' 정도로 인식되는 차원에서 인문학적 교양의 함양과 전공 학문에 관련된 자기표현이라는 본래적 가치가 퇴색되어 있다는 비판[6]도 있지만, 현실적인 상황을 감안하여 적절한 글쓰기 교육은 이루어져야 한다. 비평교육에서 글쓰기는 '종합적 사유능력의 신장'이라는 목표에 수렴되어야 한다. 여기서는 충주대학교 문예창작학과 2006학년도 교육과정을 예로 들어 글쓰기 방법 하나를 예시하고자 한다.

[5] 실제로 나는 강의실에서 루카치의 『소설의 이론』을 이와같은 방식으로 읽힌 경험이 있었다. 이 방법은 미시간대학 조벽 교수가 제안하기도 한 것인데, 이 경우 1) 읽기 전 동기부여 2) 읽은 후 학생들의 반응 고찰이 수반되어야 한다.

① 비평담당 교수가 비평교육과 글쓰기를 연관하여 교과목 편성
② 〈문장과 글쓰기·Ⅰ〉(2—1) : 원고지 사용법, 맞춤법, 문장 교정 연습중심
③ 〈문장과 글쓰기·Ⅱ〉(2—2) : 철학, 사회학, 심리학, 문화론 등 텍스트 강독중심
④ 〈비평의 기초〉(3—1) : 방법론, 인식론, 작품읽기 강의중심
⑤ 〈비평 세미나〉(3—2) : 조별 토론 및 작품 분석 세미나식 강의
⑥ 〈비평창작연습〉(4—1) : 비평문에 대한 개인 창작품 합평회 중심

4—2) 문화콘텐츠와 비평교육의 역할

비평교육이 생산적 교육이 되려면 최근 문화콘텐츠에 대한 이해와 그것

을 기초로 한 분명한 역할이 있어야 한다. 지금까지 살펴본 비평교육의 여러 가지 방법론 속에는 엄밀한 의미에서 문학의 '문화산업적 가치'에 대한 교육이 사상되어 있는 것이 사실이다.

최근 논의되고 있는 문화콘텐츠에 대한 개념은 학부 강의실을 고려할 때 그 개념과 의미가 명확하게 다가오지 않는 것도 사실이다. 문화콘텐츠는 문학과 IT, 영상 매체 등이 어우러진 학제적 성격이 강한 것으로 문예창작과만의 특성을 강조할 수 없는 한계가 있다. 스토리를 원본 one—source으로 하여 다양한 형태의 매체 multi—use로 만들어진다는 소박한 차원의 이해를 어떻게 비평적 관점, 혹은 비평 강의실과 연결시킬 수 있는지 고민이 아닐 수 없다. 여기서는 비평교육이 담당할 수 있는 최소한의 범주 내에서 작품의 문화콘텐츠화를 위한 접근 방법에 대해 생각해 보기로 한다.

① 분석 대상 작품의 영역을 구비문학과 고전산문 등으로 확대
② 분석 대상 작품의 내용을 현대 생활의 문제와 긴밀하게 연결
③ 문학 공간 등 콘텐츠 대상에 대한 적극적인 관심 유도

5) 지향점

현재 우리나라 대학의 문예창작과는 여러가지 내외의 난관에 직면해 있다. 크게 보면 대학의 수가 지나치게 많아서 일어나는 학생 확보 문제에서부터 대학 내 학과의 위상 정립에 이르기까지 한국에서 문예교육을 담당하는 기관, 개인은 그 어느 때 보다 심각한 위기상황에 놓여있다고 할 수 있다. 특히 문학비평은 그 존재론의 근거마저 위협받고 있다. 지나친 엘리트주의에 의한 의사소통의 단절과 문화 생산 역할의 축소 등으로 인해 비

평이 외면당하고 있는 것이 사실이다.

이러한 상황에서 비평은 두 가지 방향성을 지향해야 한다.

① 치열한 자기갱신의 노력을 통해 문학 행위 내부로부터 상황을 인식하고 자기정체성을 재정립하는 방향
② 사회적 변화와 요구를 수용하면서 비평적 사유를 외부의 문화적 환경에 적응하려는 시도

대학의 문예창작과에서 비평교육을 담당하고 있는 교수들은 앞에서 제시한 여러 가지 방법들을 실제 강의실에서 적용하기 위한 교수법을 적극적으로 개발하고 정보를 공유함으로써 문예창작과 내부에서는 창조적인 글쓰기의 저변을 형성해야하고, 대외적으로는 문화를 생산적인 차원으로 견인하는데 기여해야 할 것이다.

4. 문학비평의 방법론

문학비평에 대한 방법론은 한 편의 작품을 어떠한 관점 point of view에서 바라보는가의 문제라고 할 수 있다. 방법론 methodology은 일종의 가설이다. 이는 주장의 근거를 마련하기 위한 기초적인 수단이라고 할 수 있지만, 어떠한 방법론을 선택하는가의 문제가 때로는 비평적 평가의 결과를 초래하기도 한다.

1) 역사주의 비평의 방법
① 원본의 확정
② 언어의 역사성
③ 작가연구
④ 작가의 영향
⑤ 문학사의 문제
⑥ 문학 특유의 관습

2) 형식주의 비평의 방법

① 문학작품의 음성적 조직

② 시의 말시와 문제

③ 비유

④ 의미의 형식적 조직

⑤ 극적 상황

⑥ 복합성과 통일성

3) 사회 · 윤리주의 비평의 방법

① 사회학적 방법

② 사회 · 윤리적 방법

4) 심리주의 비평의 방법

① 창작의 심리

② 작품의 심리적 분석

③ 독자에 대한 심리적 영향

5) 신화 비평의 방법

① 신화의 의미와 문학적 재현

② 신화 비평의 기본 전제

③ 사계의 신화

④ 한국문학의 신화적 체계—그 성립 가능성

⑤ 신화 비평가의 일반적 작업양식

5. 실제비평의 논리

1) 분석주의적 방법

> 제목 : 허무와 자유의 미분적 공간, 혹은 환멸의 미학
> ─김승옥의 소설

1

가끔 야간열차를 타게 된다. 창 밖은 이미 어둠인데, 밖을 보려고 할수록 이미 초목들은 어둠 속에 잠겨버리고 눈동자를 크게 뜬, 희극적인 얼굴만 창밖에 보이는 것이 아닌가. 기차여행은 어떤 이야기와 관련된다. 그런데 그 이야기는 대개 자기의 것이다. 타인의 이야기가 아니라, 자신의 몫, 기억 속에 얽혀있던 시간의 매듭들을 하나씩 풀어내는 일, 그것은 과거와 현재의 단절을 연결하는 의식의 힘이다. 떠난다는 것, 자신이 서 있는 삶의 현장에서 이탈한다는 것은 '길'의 존재원리를 설명하는 일과 같다. 길은 이야기를 만들어내기 때문이다. 살아온 삶과 살아갈 삶에 대한 이야기, 수난과 치욕의 과거, 혹은 오지 않은 시간의 떨림을 예견하는 것. 길은 삶을 되묻는 추억의 형식이다.

길이 만들어내는 이야기는 그 형식이 중요할 때가 있다. '무엇'을 말하는가 보다 어떻게 말하는가의 문제가 두드러지는 것, 이것은 길이 갖는 독특함이다. 이야기하는 사람과 듣는 사람만 있으면 되는 것이다. 이 둘 사이의 관계만 성립한다면 어떤 이야기도 할 수 있지 않은가. 이렇게 말하는 방법의 참신함을 문제삼을 때 김승옥의 소설쓰기는 중요한 의미

❖ '길'의 상징성

로 다가온다. 그의 문학은 떠남의 형식과 관련된다. 떠남은 길을 수반하는 행위이다. 그런데, 길은 떠날 것을 요구하지만 어디엔가 머무를 것도 요구한다. 그래서 떠남은 길가는 행위이고 그것은 또한 머무는 행위이기도 하다. 김승옥 소설은 떠남, 지체, 회귀의 구조를 빈번히 노정한다. 그가 이렇게 말하는 데 주목하자.

❖ 비평가의 내면성은 어떻게 드러나는가?

창 밖은 벌써 캄캄한 밤이었다. 나의 헝클어진 머리카락과 움푹 그늘이 진 볼이 그 창에 비추이고 있었다. 바깥의 풍경을 보여주지 못하는 것이 미안하다는 듯이 야행열차만의 선물이었다.

—「환상수첩」

그의 소설은 이와같이 '길 떠남'에서 비롯되고 있다. 아울러 길 위에서의 회상과 발화, 그리고 머물 곳에 대한 갈망, 혹은 충동이 뒤따른다. 떠남, 길, 공간이라는 모티브들은 그의 소설을 연결하는 의미중심에 놓인다.

※ 서론의 전개방식에 대하여 분석하고, 필자는 어떤 방법으로 논의를 하고 있는지 판단해 보자.

2

김승옥은 1962년 한국일보 신춘문예에 단편소설 「생명연습」이 당선되면서 문단에 나온다. 하지만 그의 글 쓰기는 1952년 경부터 시작되었다고 할 수 있다. 그 해 월간 『소년세계』에 동시를 투고하여 게재된 것이 계기가 되어 동시와 콩트 등을 창작했던 경험이 있기 때문이다. 현재는 자신의 종교적인 신념을 위해 소설 창작을 거의 못하고 있지만, 단편 「霧津紀行」(1964)의 소설적 명성은 여전히 그를 기억하게 만든다.

❖ 작품의 공간적 배경은 어떻게 구조화되는가?

「무진기행」은 과거의 시간과 공간 속으로 여행하는 소설이다. 이때 여행이란 새로운 체험을 통해 경험과 식견을 넓히는 일반적인 의미와는 거리가 멀다. 무진으로의 여행은 오히려 절망과 외로움의 기억을 환기시킨다. 하지만 무진은 그에게 공상의 자유로움과 느슨한 산책을 허락하기도 한다. 주인공 윤희중은 동거했던 옛날 여인과 헤어지고 서울의 모 제약회사의 사위가 된다. 전무로 그를 승진시키기 위해 그의 아내는 그에게 무진행을 권유한다. 무진으로 내려온 그는 몇 몇 사람들을 만나게 된다. 독서광이었지만 이제는 무진에서 국어를 가르치고 있는 후배 박, 친하게 지낸 친구 가운데 고등고시를 패스해서 무진의 세무서장으로 일하고 있는 조, 그리고 서울의 음악대학 출신으로 학교 음악선생으로 재직중인 하인숙이라는 여자가 그들이다. 윤희중은 하인숙과 자연스럽게 가까워진다. 성악을 전공한 그녀가 〈어떤 개인 날〉 대신 부르는 〈목포의 눈물〉은 무진의 안개를 연상시키지만, 그에게 하인숙은 매력적인 대상으로 다가온다.

한편 바닷가에서 하인숙을 만나기로 약속한 날 아침에 그는 미친 여자의 자살사건을 목격하게 된다. 그 여자의 자살 역시 무진의 안개와 관련이 있을지도 모른다고 그는 생각한다. 〈햇빛의 신선한 밝음과 살갗에 탄력을 주는 정도의 공기의 저온, 그리고 해풍에 섞여 있는 정도의 소금기〉를 합성해서 만든 수면제를 그 여자는 먹었을 것이기 때문이다. 그날 윤희중은 자신이 몇 해 전 기거했던, 거의 폐허가 된 집에서 하인숙과 정사를 나눈다. 이튿날 아내로부터 급히 상경하라는 전보를 받고 그는 무진을 떠난다. 이같은 이야기 구조를 좀더 심층적으로 분석해보기로 하자.

「무진기행」은 네 개의 소제목으로 구성된 단편이다

①〈무진으로 가는 버스〉/②〈밤에 만난 사람들〉/③〈바다로 뻗은 긴 방죽〉/④〈당신은 무진을 떠나고 있읍니다〉

이러한 구성단계에 따라 각각 그 내용을 분석해 보자.

①에서는 주인공이 서울을 떠나 무진으로 향하는 장면이 제시된다. 〈무진10Km〉라는 이정표의 제시는 매우 선명하게 작품 첫머리에 위치한다. 주인공은 버스 안에서 낯선 승객들의 대화를 무심히 엿듣게 되는데, 그들이 말하는 내용이란, 작품의 진행상 큰 비중을 갖는 것은 아니다. 그 버스 안에서의 대화 엿듣기란 실상 어떤 정황의 설명에 그치는 것이므로 본질적이라 할 수 없다. 오히려 버스는 주인공 내면의 정황이, 승차의 속도감에 따라 '심리의 구조화'를 가능하게 한다는 점이 주목된다. 즉, 사람이 직접 달리기를 하거나 말을 몰 때는 그것 자체에 온 신경이 집중되므로 의식의 흐름에 중요한 '방심상태'를 일으킬 수 없다. 이점에서 보면 버스는 '행위에의 무관심'을 (최혜실, 「1930년대 한국모더니즘 소설 연구」) 불러일으켜 회상이나 기억을 유발하는 매개로 볼 수 있다.

(…)버스의 덜커덩거림이 좀 덜해졌다. 버스의 덜커덩거림이 더하고 덜하는 것을 나는 턱으로 느끼고 있었다. 나는 몸에서 힘을 빼고 있었으므로 버스가 자갈이 깔린 시골길을 달려오고 있는 동안 턱이 덜그럭거릴 정도로 몸에서 힘을 빼고 버스를 타고 있으면 긴장해서 버스를 타고 있을 때보다 피로가 더욱 심해진다는 것을 알고 있었지만 그러나 열려진 차창으로 들어와서 나의 밖으로 드러난 살갗을 사정없이 간지럽히고 불어가는 6월의 바람이 나를 반수면 상태로 끌어 넣었기 때문에 나는 힘을 주고 있을 수가 없었다.

이러한 의심의 방심상태에서 회상이 이루어진다. 이 부분에서 주인공에 의해 다시 떠올려진 과거의 이야기는 세 가지로 요약된다. 첫째, 소금기의 바람과 햇볕, 공기의 저온을 합성해서 돈버는 공상, 둘째, 아내와 장인의 권유에 의해 무진으로 오게된 경위 셋째, 6·25때 어머니에 의해 고향집 골방에 처박혀 남들은 군가를 부르며 전쟁터로 가는데 '골방 속에 쭈그리고 앉아서' 그 소리만 듣던 생각. 이 가운데 첫번째 것은 주인공의 공상과 관련된다. 더욱이, 무진에서의 공상은 제약의 강도가 훨씬 느슨하다는 사실을 말해주고 있다. 둘째 번의 것은 소설의 구성상 채택된 부분이라고 볼 수 있고, 셋째 번의 것은 주인공의 어떤 내밀한 자의식에 관련된다는 사실 때문에 중요한 의미를 갖는다.

이렇게 보면 무진은 공상의 자유를 허락하는, 일종의 모든 억압으로부터 해방되어 있는 공간이며 그러한 공간은 어떤 '선택'과도 무관한, 주인공의 의식에 선험적으로 주어진 공간이라는 사실을 확인하게 된다. 결국, ①부분에서는 버스가 갖는 '기억환기'의 역할, 그리고 그에 따른 회상이 그려지고 있다. 즉, 표면구조에 나타난 것은 버스이고 심층구조에는 주인공의 숨겨진 자의식이 존재하고, 그 사이를 무수한 공상들이 바람의 입자처럼 떠돌고 있음을 보게 된다.

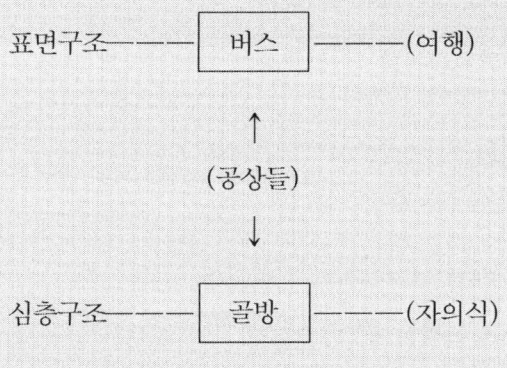

②부분은 무진에서 만난 사람들에 대한 이야기이다. 무진중학교 후배 박, 동기생인 조, 그리고 하인숙이라는 음악선생에 관한 이야기가 그려진다. 그런데 이들 인물가운데 가장 무진의 공간에 어울리는, '무진적'인 인물은 하인숙이라 할 수 있다. 하인숙을 묘사하고 있거나, 그녀와 관련된 부분을 찾아보자.

ㄱ)여선생은 '목포의 눈물'을 부르고 있었다.(…)그것은 이전에는 없었던 새로운 양식이었다(…)좀더 무자비한 청승맞음을 포함하고 있었고(…)무엇보다도 시체가 썩어가는 듯한 무진의 그 냄새가 스며 있었다

ㄴ) "밤엔 정말 멋있는 고장이에요" (여자)

"그래요? 다행입니다" (나)

"왜 다행이라고 말씀하시는줄 짐작하겠어요" (여자)

"어느정도까지 짐작하셨어요?" (나)

"사실은 멋이 없는 고장이니까요, 제 대답이 맞았어요?" (여자)

"거의" (나)

ㄷ) "심심해서요" 여자는 힘없이 말했다. 심심하다, 그래, 그게 가장 정확한 표현이다

ㄹ) "그냥 가끔 그렇게 잠이 오지 않아요" 그냥 그렇게 잠이 오지 않는다. 아마 그건 사실이리라 (인용을 위해 행 재배열, 밑줄강조는 인용자)

이렇게 보면 하인숙의 감정의 실체는 허무라고 볼 수 있다. 학교생활을 끝내고 밤늦도록 별로 좋아하지도 않는 사람들과 어울려 술을 마시

고 〈어떤 개인 날〉대신 〈목포의 눈물〉을 부르는 그녀는, 그들이 지겹다고 말할 정도로 허무하고, 지친 삶의 표상이다. ㄴ)부분은 이러한 그녀의 허무와 나의 무진에 대한 느낌이 만나고 있는 곳이다. 밑줄친 부분에서 보듯, 하인숙의 허무감은 표면에 쉽게 드러나 있다. 그녀는 주로 '확인'(평서형)하고 있기 때문이다. 그러나 나의 말은 의문형을 통해서 자신의 의도를 간접적으로 드러내고 있다. 결국, 나는 그녀의 허무에 동조하고 있다. 특히, ㄷ), ㄹ)에서 그녀의 말을 똑같이 되풀이 생각하면서 그녀의 허무를 자신의 허무로 대치시키고 있다.

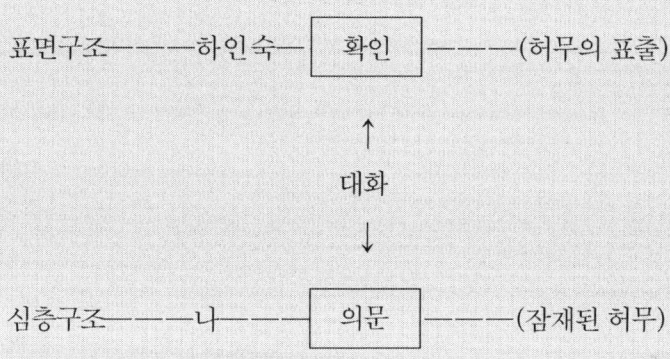

이렇게 주인공은 무진의 허무와 만나고 있는데, 무진의 허무는 하인숙이라는 여자의 허무였으며, 그는 그녀의 허무를 통해 자신이 갖고 있었던 허무의 실체를 본 것이다. ③부분은 이런 허무의식이 본격화되어 있는 곳이다. 먼저 주인공은 어머니의 산소에 들른다. 이것은 ③부분의 이야기를 위한 구성상의 필요 이상 큰 의미를 갖지 못한다. 다만, '이슬비'가 내리고 있었다는 상황설정은 무진 특유의 분위기에 어울리고 있다. 여기서는 세 가지 이야기가 펼쳐진다. 창녀의 자살사건, 조의 사무실 방문, 그리고 하인숙과의 정사가 그것이다.

이 가운데, 창녀의 자살사건은 「무진기행」이 갖고 있는 신비적 허무의식에 매우 긴밀하게 닿아 있는 부분이다. 즉, 60년대적 죽음의 양상에 대한 하나의 예를 확인할 수 있기 때문이다. 이는 「환상수첩」에서 보이는 바다와 죽음의 이미지와 연결되고, 60년대가 갖고 있는 '환상성'과 내밀한 관련을 갖기 때문이다. (김윤식, 「60년대 문학의 특질」) 창녀의 시신을 놓고 〈흥미없는 듯이〉 말하는 순경, 또한 〈내〉가 그 시신을 보고 〈이상스런 정욕〉을 느낀다든지, 그녀의 죽음을 〈갑자기〉 자신의 일부처럼 생각하는 것 모두 무진이 갖는 허무적 본성의 일부분을 표현한데 지나지 않는다. 이렇게 보면, 이 창녀의 죽음과 뒤에 이루어지는 하인숙과의 정사는 상당히 대조되는 표상이기는 하지만 두 이야기가 모두 허무적 성격을 나누고 있다는 공유점을 갖고 있다. 창녀의 죽음은 〈초여름이 되면 반드시 죽는〉 죽음 중의 하나이므로 그 익명성은 그 여자 개인의 비애라기보다는 인간의 보편적 절망감에 호소하는 것이기 때문이며, 하인숙과 정사는 허무가 유발하는 조바심을 확인하게 해주기 때문이다. 바닷가 방죽에서 만나, 그들이 찾는 〈집〉에서의 정사장면은 이렇게 묘사된다.

나는 그 방에서 여자의 조바심을 마치 칼을 들고 달려드는 사람으로부터 누군지가 자기의 손에서 칼을 빼앗아 주지 않으면 상대편을 찌르고 말 듯한 절망을 느끼는 사람으로부터 칼을 빼앗듯이 그 여자의 조바심을 빼앗아 주었다. 그 여자는 처녀는 아니었다.

주인공이 갖고 있었던 허무감이 하인숙의 허무와 만나고 있다. 이러한 행위는 무진이기 때문에, 무진에서만 일어날 수 있다. 그녀의 조바심은 허무로부터 벗어나기 위한 단순한 것이었다. 그녀가 〈서울에 가고싶어요. 단지 그것뿐이예요〉라고 말할 때, 확인할 수 있는 것은 무진의 절망을 하인숙이 대표하고 있다는 것이다. 그런데, 이러한 허무의식의 갈 피에는 주인공의 '상실감'이 채록되어 있음을 보게된다. 〈그 여자는 처녀는 아니었다〉는 것. 이것이 주인공이 갖고 있었던 '순결상실성'의 본모습이다. 엄밀히 말해, 주인공의 '골방기억'에서 비롯되고 있는 자의식, 그리고 김승옥이 갖고 있었던 '4·19세대'의 좌절감 등이 작용하고 있는 것으로 볼 수 있다.

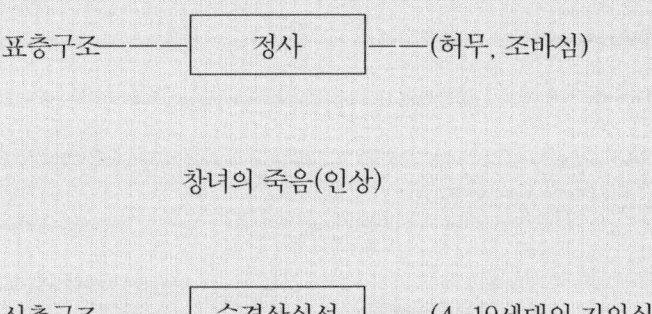

④부분에서 주인공은 무진을 떠난다. 그에게 무진이라는 공간은 짙은 허무감만을 확인시켜준 곳이었으며, 하인숙과의 만남이 그것을 확인시켜준 셈인데, 그는 돌연 상경을 요구하는 아내의 전보를 받는다. 그가 전보를 받은 후, 이렇게 결론을 맺고 있는 것은 인상적이다.

(…)한번만, 마지막으로 한번만 이 무진을, 안개를, 외롭게 미쳐 가는 것을, 유행가를. 술집여자의 자살을, 배반을, 무책임을 긍정하기로 하자

이 점이 60년대적인 사유의 본령이다. 이것은 하인숙과의 관계에 대한 윤리의식에서 비롯된 진술은 아니다. 섬세한 감수성이 갖고 있던, 시대적 자의식, 허무와의 만남을 고통스럽게 인식하고 있는 대목이다. 이

❖ 4·19세대의 감각

러한 인식은 진실성이 존재하는 방식과도 관련된다. 진실성은 어디에도 설 수 있지만, 어떻게 존재해야 하느냐하는 점이 더 중요하기 때문이다. 하인숙에게 쓴 편지를 곧 찢어 버리는 주인공에게 진실은, 항상 그의 내면 속에만 있다. 밖으로 구체화되기 전에 그것은 이미 정신으로 화석화된다. 행동화될 수 없는 물화된 의식의 표본에 자신이 해당된다고 생각했던 것은 아닌가. 그래서 그는 '심한 부끄러움'을 느꼈던 것일까.

1960년 4·19 학생 혁명이 이듬해 5·16 군사 쿠데타로 인해 민주주의 혁명의 본래 목적을 상실했다는 세대적인 체험도 이 작품을 이해하는데 중요한 요인이 될 수 있다. 작가란 언제나 자기시대의 중심문제로부터 자유로울 수 없다. 작품이 언제나 직접적으로 삶의 의미를 재생산하는 것은 아니지만 문학적 형상화란 체험의 굴절이 미적인 형식을 빌어 나타나는 것이므로 현실과 문학의 관계에 대한 질문은 늘 유효하다고 볼 수 있다. 「무진기행」에서 주인공의 여행이 개인적인 삶의 울타리를 벗어난다고 보는 것도 이 때문이다. 윤희중의 허무함과 좌절은 4·19세대의 세대감각을 보편적인 차원에서 드러내고 있다는 판단이 이 지점에서 가능해 진다.

3

「누이를 이해하기 위하여」(1963)는 김승옥의 소설이 구성되는 원리를 선명하게 제시하고 있다. 시골태생이 서울로 올라가 생활하지만 절망과 환멸만을 가득 짊어지거나, 도시의 삶에 길들여지는 존재의 유약함만을 보게 된다는 것이다. 이는 도시를 소설화 과정의 중요한 매개로 삼고 있는 그의 작품세계를 근원적으로 관통하는 모티브이다.

이 작품의 구성을 이루는 중심은 두 가지이다. 하나는 작품에서 (남을

엄신여겨 홀대해서 이르는 말인) 〈작자〉로 언급되는 한 소설가에 대한 관찰자의 기록이고, 다른 하나는 그 소설가가 왜 서울 생활을 하게 되었으며, 더욱이 소설을 쓰게 되었는가 하는 점을 암시적으로 그리는 것이다. 작중 화자에 의하면 그 소설가는 치기 어린 행동을 잘하는 인물이다. 마실줄도 모르면서 아는 사람을 만나면 술을 사라고 조른다든지, 언제나 자신의 과거만을 이야기하면서 〈몇 살 때 나는…〉하는 식으로 주로 허세를 부리거나, 소설집을 한 권 겨우 출판해놓고 언제나 유명 작가인 양으스대며, 여학교에서 편지함을 몰래 훔쳐 그 안에 든 돈으로 술을 마셔버린다거나, 자신의 어머니에 대한 기본적인 예의를 잘 갖추지 못하는 인물로 그는 그려지고 있다. 한 마디로 그 소설가는 "작자는 나로서는 생전 이름도 들어보지 못한 시골에서 올라와서 서울을 빙빙 돌아다니며 사는 놈인데 그러고 보니 작자의 저 광증에 가까운 생활태도는 무전여행자의 그것 아니면 촌놈이 서울에 와보니 모든게 신기해서 어쩔 줄 몰라"하는 사람이다. 그런데 그에게는 누이동생이 있다. 이 사실이 작품의 두번째 부분을 이루면서 소설의 핵심이라고 할 수 있다.

그의 누이동생은 도시로 갔다가 거의 이 년만에 깊은 상처만을 안고 돌아온다. 도시는 누이에게 알 수 없는 고통과 상처를 안겨준 것이다. 누이의 침묵은 일종의 항거와 같다. 그 항거가 도시로 향한 것인지, 혹은 남아있는 사람들로 향한 것인지는 중요하지 않다. 다만 누이는 도시에서의 기억을 망각하려고 애쓰는 듯한 침묵으로 일관한다는 점이다. 도시와 누이의 삶을 통해서 그가 얻은 결론은 이렇다.

> 하루는 아무렇지 않다는 듯이 무서운 사건이 세계의 은밀한 곳에서 벌어지고 그리고 다음날은 희생자들이 작은 조각에 몸을 기대고 자기들의 괴로움을 울며 부유(浮遊)하는 것이다.

❖김승옥과 '서울' 모티브

그래서 그는 자신이 직접 서울을 알기 위해, '누이를 이해하기 위해' 서울로 올라온 것이다. 그런데 서울에서 그가 깨달은 일은 무엇인가. 그것은 〈조리에 맞지 않는 감정의 기교〉뿐이었다. 그래서 자신과 누이가 겪었던 모든 괴로움을 누이의 아이를 통해 구원받고자 기도하고 있는 자신만을 바라보고 있는 것이다.

결국 이 작품은 서울을 배회하던 한 소설가와 그의 누이의 삶을 통해 도시적인 삶의 비정함과 절망스러움에 대하여 말하고 있다. 김승옥이 보고 있는 60년대의 도시(서울)는 바로 이와같은 것이었다. 도시에서의 삶에 지쳐 결국 고향의 바닷가로 돌아가 자살하고 마는 인물을 설정한 작품(「환상수첩」)도 이러한 관점의 하나라고 볼 수 있다. 그의 누이가 걸었던 서울의 거리는 어떤 모습이었을까, 이제 우리는 60년대 서울의 거리를 만나게 된다.

「서울 1964년 겨울」(1965)은 김승옥 소설이 보여줄 수 있는 가능성의 최대치에 해당된다. 그를 60년대적인 작가로 자리매김할 수 있는 것도 이 작품에 힘입은 바가 크기 때문이다. 김승옥의 섬세한 감수성이 도시화의 징후를 날카롭게 포착하고 있는 양상을 이해하는 일은 중요하다. 이 작품에서는 세 사람이 등장한다. 대학원생과 육사에 낙방한 후 군에 다녀온 후 구청 병사계 직원으로 일하는 작중화자, 그리고 아내 시체를 판 후 자살하게 되는 서적 외판원이 그들이다. 이들의 만남이 이루어지는 곳은 바로 서울의 거리, 어느 포장마차 선술집이다. 그들이 서 있는 서울이라는 거리를 묘사한 대목을 보자.

전봇대에 붙은 약광고판 속에서는 이쁜 여자가 '춥지만 할 수 있느냐'는 듯한 쓸쓸한 미소를 띠고 우리를 내려다 보고 있었고, 어떤 빌딩 옥상에서는 소주 광고의 네온사인이 열심히 명멸하고 있었고, 소주 광고 곁에서는 약 광고의 네온사인이 하마터면 잊어 버릴 뻔했다는 듯이 황급히 꺼졌다간 다시 켜 저서 오랫동안 빛나고 있었고, 이젠 완전히 얼어붙은 길 위에는 거지가 돌덩이처럼 여기저기 엎드려 있었고, 그 돌덩이 앞을 사람들은 힘껏 웅크리고 빠르게 지나가고 있었다. 종이 한장이 바람에 휙 날리어 거리의 저쪽에서 이쪽으로 날아오고 있었다. 그 종이조각은 내 발밑에 떨어졌다. 나는 그 종이를 집어 들었는데, 그것은 '美姬 서비스, 特別廉價'라는 것을 강조한 어느 비어홀의 광고지였다.

60년대 한국 소설에서 산업화의 초기 단계에 접어든 서울의 거리를 이렇게 적확하게 묘사한 대목을 찾기는 쉽지 않다. 이런 거리에서 그들은 '우연히' 만난다. 그 만남을 가능하게 한 것은 자신들의 의지가 아니라 '서울의 거리'였다. 그러므로 이들의 관계는 익명화를 전제로 한다. 익명화란 도시의 불빛 아래에서 하나의 부호가 되는 것을 말한다. 특별한 목적도 없이 거리를 배회하는 무수한 산책자들 가운데 하나가 되는 것은 도시적인 감성구조에 편입하는 것을 의미한다. 소설 속에서 그들이 나누는 대화 역시 분명한 의미를 생산하는 역할을 하지 못한다. 이름이 숨겨진 채 등장하는 존재들의 삶, 본질적이지 못한 언어교환은 외판원의 자살처럼 비정하기까지 하다. 작가 김승옥이 자기 현실을 바라보는 냉철한 시각을 느끼게 하는 대목이 아닐 수 없다. 이것은 현실문제 대한 문학적 대응의 한 방법이라는 점에 문제적인 의미가 있다. 삶의 질곡에 대하여 직접적인 간섭과 참여를 요구하는 문학이 빠질 수 있는 위험은, 문학의 자기 성찰적인 자세의 결여로 인한 심미적인 태도이다. 다른 한편으로 지극히 주관적인 진실을 추구하려는 작품 역시 문학의 동시대성과 발생적인 토대를 무시함으로써, 세계이해의 편협함에서 벗어날 수 없다. 이런 점에서 「서울 1964년 겨울」은 현실문제를 해석하려는 작가의 개입적인 태도를 가급적 유보시킴으로써 오히려 현실의 차가움을 상대적으로 부각시키고 있다. 도시라는 새로운 삶의 경험이 초래한 우울한 전망, 그리고 그 시대를 살아가는 군상들에 대한 예리한 내면묘사는 60년대적인 환멸에 대응하는 탁월한 소설적 감각이라고 하지 않을 수 없다.

4

「무진기행」은 두 가지를 축으로 하고 있다. 하나는 섬세하고 화려한 감수성의 이면에 '허무'를 동반한 자의식의 구조이며, 다른 하나는 '무진'이라는 '정신'의 공간이 내포하고 있는 60년대적 존재방식이 그것이다. 그런데, 이 두 개의 축은 '허무'의식으로 수렴된다. 허무란 무엇인가. 인간은 끊임없이 불안의 주변을 서성이는 존재라는 생각에 관련된 것이 아닌가. 그것은 세계와 마주하는 자신을 절대적으로 인식하는 태도가 아닌가. 집단적 절망과 계급의 허무는 오히려 그 집단과 계급의 힘에 의해 극복 될 수 있다. 그러나, 60년대적인 허무를 극복하기에 개인은 너무도 무기력하다. 전후 복구의 어려움 속에서 경제건설을 빌미삼아 독재의 아성을 구축하려던 이승만 정권이 4·19에 의해 붕괴되고 혁명세대는 또 다시 권력의 주변에서 자신들의 진정한 가치를 잃어가고 있는 시대상황에서 어쩌면 김승옥은 4·19세대가 갖고 있었던 자기기만의 허위를 순결상실성의 원점으로 갖고 있었을지도 모른다. 혁명의 진실성이 왜곡되는 60년대 이후 그는 계속 침묵하고 있지 않은가.

밤으로의 기차여행은 끊임없이 자기자신의 이야기를 요구한다. 어두워진 창 밖에 흐릿한 초목들을 뒤로하고 잊혀진 기억들이 되살아 날 때면 어김없이 나의 눈동자가 그곳에 둥실 떠 있는 것이 아닌가. 여행은 그러므로 자신을 말하는 형식이다. 창 밖에 보이는 것은 무수한 기억들,

나에 대한 나의 응시가 아닌가. 김승옥은 읽는 이의 자의식을 일깨운다. 무진이, 허무의 시적공상을 유발하고 있다는 사실을 주인공은 어떻게 인지하고 있으며 하인숙의 욕망은 무엇이며, 서울로 돌아가는 주인공은 누구인가. 이들을 바라보는 나는 또 누구인가. 이런 물음을 제기 할 때, 지금은 무진으로의 여행이 끝나기도 한 시대임에도 그 여행은 계속될 여지를 남기고 있음을 알 수 있다. 무진은 미분성의 공간이기 때문이다. 그곳에서는 모든 자유가 허락된다. 그러나 역시 아무것도 할 수 없는 단지 허무감만이 안개처럼 가득한 곳이기도 하다. 이 '자유와 허무'의 미분성 속에 무진은 도사리고 있다. 여기서 60년대 문학의 한 정신적 편향을 발견 할 수는 없을까. 「무진기행」과 김승옥의 '서울거리'가 우리문학사에서 가질 수 있는 의미는, 이 범위를 크게 벗어나지 못하는 것이라고 판단되는 이유도 여기 있다.

❖ '순결상실성'의 문학적 상징을 자본주의적 삶과 대비하여 이해해 보자.

결국 김승옥은 60년대 서울이 낳은 소설가라고 말할 수 있다. 전후의 아픔을 딛고 삶을 재건하려는 사람들의 의지만큼이나, 아름답지만 슬프기까지한 삶의 풍속들이 그의 소설 속에 온전히 담겨있기 때문이다. 하지만 그의 작품이 단순히 풍속을 제시하는 선에서 멈추는 것은 아니다. 자기시대의 아픔을 내면화하는 인물들의 심리현상에 작가는 주목하고 있기 때문이다. 김승옥을 평가하는 많은 사람들은 그의 감수성이 혁명적이라고 말한다. 그것은 자기시대의 분위기를 드러내는 데 그의 언어가 매우 적확하다는 의미와 함께 그가 삶에 대해 취하고 있는 태도의 심미적인 관점이 이전 시대의 소설과 구별된다는 사실을 동시에 설명하고 있다. 한국 소설사에서 김승옥이 가지는 문제적인 의미 역시 이와같은 평가와 무관하지 않다. 한국 전쟁 직후 많은 문학작품에서 문제가 되었던 주제가 인간의 구원, 즉 전쟁이 가져다 준 인간성 상실을 어떻게 회복하는가 하는 것이었다. 하지만 이러한 주제의식은 보편적인 의미를 지닐 수는 있어도 개인의 섬세한 내면까지 묘파하는 예술적인 혜안을 갖추기가 어려웠다. 김승옥의 소설, 다시말해 60년대의 서울이 낳은 도시적인 감성이 이전시대와 구별되는 점은 바로 이 지점이다. 시골에서 서울로 올라와서 경험하게 되는 낯선 삶에 대한 회의와 갈등, 절망과 자기구원의 희망이 그를 60년대적이게 한다. 그의 단편들이 제시한 60년대는 소설사적인 현상이다. 이것이 다시 이 자리에서 그를 기억해야 할 이유이다.

2) 주제중심적/이론 비평

제목 : 문학과 공간

1. 문학공간 연구의 의미

문학작품에 드러난 공간의 의미 규명은 작품 연구와 구분해서 다룰 수 없는 문제적인 가치를 내포한다. 문학의 공간, 혹은 작품 속의 공간은 그 자체로 존재하는 순수공간이 아니고, 문학 생산자의 판단에 따라 일정하게 변형 혹은 굴절된 공간이며 동시에 독자가 해석하여 새로운 의미를 형성하는 '공간성'을 지닌다.[7] 공간 그 자체에 대한 철학적 해석은 본고의 범위 밖에 놓인다. 하지만 공간이 시간과 함

---

[7] 이는 Joseph Frank의 「근대문학에 드러난 공간형식」 Spatial Form in Modern Literature에서 비롯된 것으로 그는 근대문학의 주요 특질 가운데 하나로 시간개념의 공간화, 공간 형식 spatial form을 설정한다. 그에 따르면, 공간성은 작가가 대상 공간을 텍스트에 형상화하여 그려내는 데 있지 않고, 텍스트에 형상된 공간을 독자가 해석하는 데서 창출되는 것이다. 말하자면, 서사체에서 공간은 대상공간의 실재성을 모방한 것도 아니지만, 작가가 일방적으로 그려낸 공간도 아닌 것이다. 장일구, 「서사적 공간론의 이론과 실제」, 『서강어문』(No.1, 1997, 서강어문학회), p.204, 재인용.

께 근대적 사유의 핵심적 요인으로 작용하고 있으며, 근대적 삶은 역시 공간에 대한 사유와 별개일 수 없다는 점에서 공간의 문제는 간단하지 않으며, 공간연구 역시 매우 복잡한 계기적 층위를 내포한다고 말할 수 있다. 순수공간은 아무런 매개의 관계 속에 놓이지 않는 추상적인 대상일 뿐이다.[8] 자연철학에서 공간은 실재적 real이지 않으며, 단순한 그릇과도 같은 것이 아닐 뿐더러, 사물의 질서도 아니고 직관의 수용적 형식도 아니라고 주장한다.[9] 공간은 인간적인 판단, 주관의 개입에 의하여 다양하게 변형된 형태로 인식되는 대상이라고 볼 수 있다.

문학에서 공간연구는 작품 생산자의 의도와 독자의 해석에 의해 재창조된 '새로운 공간'에 대한 탐구를 의미한다. 이때 문학공간은 모든 흐름과 연관, 계기적 변용, 창조와 재창조가 이루어지는 생산적 장소이며, 들뢰즈와 가타리 식으로 표현하자면, 다른 요소와 결합하여 어떤 질료적 흐름을 절단하고 채취하는 방식으로 작동하는 모든 것인 기계의, 조직화와 재조직화를 이루는 장소이다.[10] 다시 말해 문학공간이 재구성과 변용을 통한 집짓기에 비유될 수 있다면 이는 문학 생산자의 세계 구축적 경험 constructive experience[11]의 결과물로 이해할 수 있다.

문학공간은 문학의 생산과 소비라는 문학행위가 상호 관계하는 접점이기도 하다. 작품을 생산하는 작가의 입장에서 그것은 체험의 내면화와 내면화된 체험을 재구성하는 매개이며, 독자의 관점에서는 해석과

8) 헤겔, 서동일 역, 『철학강요』(을유문화사, 1983) p.223. 여기서 헤겔은 "공간은 자기외존재이기 때문에 전적으로 관념적인 상호작용"이며, "일정한 구별을 자기 안에 갖지 못하기 때문에 단적으로 연속적이다." 또한 "공간은 순수한 양, 그것도 논리적인 규정으로의 양이 아니라, 직접 외면적으로 존재하는 양이다."라고 주장한다.

10) 들뢰즈와 가카리의 『앙띠 오이디푸스』(최명관 역, 민음사, 1994)에는 '욕망하는 기계'에 대하여 설명하고 있는데, 이 난해한 저서를 이해하는데 적절한 도움을 주고 있는 저서로 이진경, 『근대적 시·공간의 탄생』(푸른숲, 1997)이 있다. 이진경의 이 저서는 모든 움직이고 흐르며, 변용되는 기계들이 어떻게 근대적 삶의 형식과 관계되는지를 명료하게 보여주고 있다. 공간—기계 역시 우리의 삶의 방식을 바꾸고 새로운 종류의 생활방식을 창출하는 데 기여한다고 말한다.

재해석을 통해 유추된 경험의 일부를 이룬다. 이는 작가와 독자 사이에서 형성될 수 있는 사회적 경험, 다시 말해 구성원들 사이의 의사소통이 가능한 '문화적 기억공간'[12]으로 작용할 수 있다는 의미를 내포한다. 문학작품이 유통되고 소비되는 이유 가운데 하나는 어떤 기억에 대한 동질성의 확보이며, 문학공간은 이와 같은 기억을 보전, 재생산하는 역할을 담당한다. 따라서 문학공간은 확장된 삶의 공간이며, 역사적 경험을 기억하는 흔적이면서 과거의 체험을 현재화하는 동시대적 공간이기도 하다.

문학공간에 대한 연구는 세 가지 층위에서 고려되어야 한다. ① 텍스트의 공간으로서의 문학공간 ② 작가의 글쓰기에 투여된 경험공간 ③ 문학작품이 생산되거나 작품 내에 그려진 지리적 공간이 그것이다. 본고에서는 이같은 의미망 형성에 관련된 몇 몇 작품을 예시함으로써 문학공간에 대한 연구가 어떻게 이루어져야 할지 혹은 문학공간 연구를 공리적 관점에서 어떻게 수용해야 할지, 그 가능성을 탐색하고자 한다.

[12] A. 아스만, 변학수외 역, 『기억의 공간』, 경북대출판부, 2003, p.392. 아스만은 "장소는 그것이 기억의 기반을 확고히 하면서 동시에 기억을 명확하게 증명한다는 것 이상의 의미를 지닌다. 장소들은 회상을 구체적으로 지상에 위치시키면서 그 회상을 공고히 하고 증거할 뿐 아니라 인공물로 구체화된 개인과 시대 그리고 문화의 다른 것에 비해 비교적 단기적인 기억을 능가하는 지속성을 구현한다."라고 말한다. 그의 이 말은 문학공간이 삶의 기억을 보존하고 유지하는 기능으로 작용한다는 사실로 읽어낼 수 있다.

2. 문학공간 연구의 성과

문학공간에 대한 연구는 매우 다양하게 이루어졌지만, 대개 근대적인 삶의 한 계기로써 시간과 함께 존재론을 형성하는 방향에서 탐구되어 왔다. 문학공간의 연구는 문학작품에서 드러나는 공간적 이미지나 대상에 대한 연구로 집약될 수밖에 없는 속성을 지닌다. 공간론은 순수하게 물리적, 철학적인 방법론에 의한 연구이며, 문학공간의 연구는 문학작품과의 연관관계를 파악하는 실증적 연구태도이기 때문이다. 문학작품은 그 자체로 하나의 공간을 형성하면서 또한 실재적 대상을 묘사하는 완결된 구성물이다. 따라서 문학공간은 미학적으로 '왜곡된 실재'이기도 하며, 동시에 지속적으로 새롭게 해석되는 '역동적 공간성'이기도 한다.

문학공간에 대한 접근방식은 주로 공간에 대한 철학적인 해석을 바탕으로 이루어져 왔다. 박혜영은 현대예술사에서 공간의 의미에 주목하면서도 문학의 공간에 대한 세 가지 층위를 제시하고 있다. 즉, 작품 속에 묘사된 지리적 공간, 텍스트의 공간, 작가가 글쓰기에 몸을 맡기는 공간이 그것이다. 이를 요약할 경우 문학의 공간은 크게 '의미화된' 공간과 '의미화하는' 공간으로 나눌 수 있으며, 문학작품 속의 공간 구조는 작가의 세계관, 우주관, 가치관을 나타내는 모델이라고 주장한다.[13] 장일구는 서사 공간을 서사 대상공간과 서사행위 공간으로 구분하면서 공간을 구성하는 서사적 요소를 서구철학을 근간으로 밝히고자 하였다. 그의 논의 가운데 주목되는 것은 대상세계의 공간은 실재하는 것이 아니며 인식의 방향에 따라 달리 구성되는 구성체라는 점과 서사적 공간론은 작품에 구현된 공간이 실재 세계의 공간과 얼마나 정합하느냐의 문제를 따지는 것이 아니라, 새로운 공간, 새로운 세계를 어떻게 구현하느냐를 따지는 행위라는 점에 의견 접근이다.[14] 안남일의 경우 현대소설에 나타난 '방'의 공간적 의미를 하이데거의 '세계—내—존재', '현존재'의 개념에 근거하여 밝히고자 한다. 그에 의하면 개별적이고 특수화된 세계는 자기 자신의 실존을 더욱 내적이고 개인적인 양상으로 변환시킨다는 것이다. 공간 내에 존재한다는 것은 현존재가 세계 내에 존재하는 필연적인 방식이라는 점을 그는 강조한다.[15] 최혜실은 1930년대 도시소설이 경성공간을 어떻게 묘사하고 있는지를 살피고자 하였으며,[16] 김종건은 구인회 작가들의 작품에 나타난 공간설정과 작가의식을 작품 분

석을 통해서 밝히고자 하였다.[17]

문학작품을 중심으로 하는 공간연구[18]는 대체로 작품현상을 중심으로 이루어지면서 텍스트 내의 공간을 주요 연구대상으로 한다는 공통분모를 지닌다. 특히 시를 대상으로 하는 공간연구는 작품 내에서 다루어진 공간성, 즉 특정한 장소의 모티프가 어떻게 생성되고 변형되는지의 문제에 관심을 기울인다. 유치환의 작품을 공간적 기호로 분석하는 이어령의 논의[19]는 텍스트 공간 분석의 의미있는 지침서로 작용할 수 있다. 또한 박목월과 정지용 시에 대한 공간 구조 분석을 시도한 몇 몇 논의들[20]이 주목되었고, 근대시의 공간을 동시대의 문제와 접목하여 문화지리학의 관점을 동원한 박태일의 논의[21] 또한 정독을 요한다.

문학작품 내에서 드러나는 공간은 주로 묘사의 형태로 확인된다. 공간은 작품의 개연성을 제고하고, 의미있는 서사적 구조를 형성하는데 기여한다. 텍스트 속에서 공간의 기능은 다음 네 가지로 요약할 수 있다. 첫째, 공간묘사는 허구의 이야기를 진실인 듯한 세계에 위치시킨다. 둘째, 다른 많은 장소들 가운데 특별히 선정된 소설 특유의 공간은 이야기의 극적 효과창출에 기여한다. 셋째, 공간은 성격부여의 기능을 갖는다. 넷째, 공간에는 행동, 플롯이 전개되도록 하는 기능도 있다.[22] 따라서 소설 속에서 묘사된 공간은 작품의 구성을 효과적으로 뒷받침하는 기능을 갖는다. 여기서 작품 속의 공간은 독자들로 하여금 실재성을 갖게하며, 나아가 전체적 공간 속에서 배치된 여러 가지 서로 다른 장소들이 서로 대칭, 대조되거나 친화력과 긴장, 혹은 혐오 등의 관계를 맺고 있다는 사실을 발견하게 한다.[23] 이는 실재성, 혹은 실재의식에 대한 미학적 조롱의 결과이며, 작품의 예술적 성공 여부와 공간설정은 긴밀한 관계에 놓인다고 할 수 있다. 하지만 더욱 중요한 것은 문학공간은 그 공간에 대한 인간의 관점, 작가와 독자가 해석을 통해서 만나는 변용의 형태라는 사실이다. 그것은 일종의 '바라보는 자의 시선'과 관련된 풍경의 변형이다.

> 풍경이라는 것은 조망되는 자연측에 존재하는 것이 아니라, 조망하는 인간측에 존재하는 것이다. 조망하는 인간이 없다면 풍경이라는 것은 존재하지 않는다. (…) 그리고 무엇을 아름답다고 보고, 어떤 자연을 적적하다고 조망했던가는 일찍이 그것을 아름답다고 발견하고, 적적한 것으로 그려낸 '예술'이 선행하기 때문에 가능한 것이다.[24]

풍경과 장소는 경험하는 자의 상상력과 긴밀하게 연관되며, 여기서 문학적 가치가 발생한다고 볼 수 있다. 문학공간에 대한 연구는 몇 가지 계기를 내포하고 있지만, 본질적으로 상상력의 공간이며, 실재적 대상에 대한 기계적 모방은 아니라는 점이 분명해진 것이다.

따라서 문학공간 연구는 다음과 같은 층위에서 논의되어야 한다.

① 텍스트 자체로 성립하는 공간 : (1) 텍스트의 구조
                                   (2) 사건과 서사의 진행 공간
② 지리적 대상으로서의 공간 : (1) 작가 체험의 재구성
                                   (2) 텍스트 생성의 기원 혹은 반영 대상

문학공간에 대한 연구는 이와같은 범주 아래서 작품현상과 관련지어 탐구되어야 한다. 이제 문학공간과 작가의 공간의식을 위의 분류에 따라 순차적으로 살펴보기로 한다.

3. 문학공간 연구의 몇 가지 층위

[1] 문학텍스트의 공간성 : 구조와 유사성

문학작품이 하나의 구조물이라는 견해는 넓은 공감대를 형성하고 있다. 구조란 자체로 유의미한 성분들의 유기적 결합관계를 지칭한다. 문학작품의 구조는 완결성을 지향하는 자족적 형태라는 관점에서 종종 우주의 집약체라는 비유가 동원되기도 하는데, 로트만은 텍스트의 공간구조는 우주의 공간구조의 모델이 되며 텍스트 내 성분들의 내적인 통사론은 공간적 모델링의 언어가 된다고 하였다. 나아가서 공간은 규범적인 공간적 관계들과 유사한 관계들이 그 사이에 존재하는 동송적인 대상들(현상, 상태, 기능, 그림, 다양한 의미 등)의 총화라고 그는 말한다.[25] 여기서 주목할 점은 하나의 텍스트, 즉 문학적이라고 부를 수 있는 작품과 그 외적인 장르들 간의 상호관계에 대한 관심이다. 다시 말해 하나의 텍스트가 자기충족적인 구조로 존재한다고 해도 두 가지 계층적 관련성을 지닌다는 사실을 소홀히 할 수 없다. 하나는 유사한 장르들 사이의 상호관계성이고, 다른 하나는 작품 밖의 현실, 시대, 작가 등과의 연관성이다. 전자는 자기시대의 언어사용 상의 관습, 즉 보편적이라고 믿는 통사구조라든가 장르사이의 상호결합, 일종의 상호텍스트성 inter-textuality으로 설명되고, 후자의 경우, 텍스트가 지니는 외적인 현실과의 구조적 유사성 homologie으로 이해된다. 작품 내의 질서와 작품 외적인 현실이 텍스트의 공간으로 수렴된다는 시각이 문학공간에 대한 이해의 폭을 확장시킬 수 있기 때문이다.

텍스트가 일정한 장르, 문체, 시대, 작가 등과 결합된다는 사실은 그것의 독립된 성분들의 엔트로피치를 변화시키며 이러한 사실은 우리로 하여금 텍스트 외적 관련을 전적으로 진실한 어떤 것으로 보게 해 줄 뿐 아니라 실재를 측정하는 어떤 방법도 지시해 준다.[26]

가령, 유치환의 시 「깃발」에 대한 해석상의 논란을 예로 들어보자.

> 이것은 소리없는 아우성
> 저 푸른 해원을 향하여 흔드는
> 영원한 노스탈쟈의 손수건
> 순정은 물결같이 바람에 나부끼고
> 오로지 맑고 곧은 이념의 푯대 끝에
> 애수는 백로처럼 날개를 펴다
> 아아 누구던가
> 이렇게 슬프고도 애닯은 마음을
> 맨 처음 공중에 달 줄을 안 그는
>
> ─유치환, 「깃발」, 전문

이 시는 유치환의 첫 시집 『청마시초』(1939)에 실린 작품이다. 이 작품의 의미를 밝히는 과정은 크게 세 가지로 나뉜다. 시인의 실존적 삶의 공간과 관련지어 작품에 등장하는 깃발은 바다를 향한 언덕 위에 세워져 있었을 것이라는 주장[27]과 니체의 허무주의에 근거한 존재론적 탐구의 일환이라는 논의[28], 그리고 텍스트의 통합축과 계합축의 질서에 의하여 기존의 전기적(傳記的) 환원주의를 비판하고자 하는 분석[29] 등이 그것이다.

여기서 이어령의 논의를 참조해보자. 그에 의하면 이 작품의 통합적 의미는 〈아아 누구던가/이렇게 슬프고도 애닯은 마음을/맨 처음 공중에 달 줄 안 그는〉이라는 마지막 시행에 집약된다. 깃발의 공간적 의미는 바다가 아니라, 〈공중〉 즉 하늘에 있다는 것이다. 이것이 이시의 주된 메시지이며, 그 물음 역시 누가 지금 저 깃발을 꽂았는가의 문제가 아니라, 깃발이라는 것을 처음 만들어 공중에 매단 그 사람(창조자, 발견자)이 누구인가를 묻는다는 것이다. 따라서 이 작품에서 깃발은 그것이 어디에 존재하든 '깃발'이라는 기호작용, 즉 수직성이라는 기표로 존재한다는 것이다. 또한 계합적인 질서에서 볼 때, 이 시는 은유의 연속으로 이루어지면서 의미의 연관관계를 이루어낸다는 것이다. 이럴 경우 작품 「깃발」은 지상과 하늘을 연결하는 공간적 의미로 작용한다는 것이다.

「깃발」에 대한 이같은 견해들은 '움직이는 구조', 즉 다양한 해석의 가능성이라는 관점위에서 성립된다. 하지만 작품 해석이 하나의 입장에서 이루어진다는 것은 다른 입장을 '체계적으로 배제'하는 것임을 지나치게 강조할 경우, 어쩌면 방법론의 앙상한 골격만 남고 작품의 풍요로움을 함몰시킬 가능성이 있다. 이 작품에서의 깃발이 수직적 상승 욕망의 기표로 작용하면서 인간 존재론의 한계를 드러내는 상징물로 이해되지만, 동시에 시인 유치환의 유년시절, 어떤 특정한 바닷가에서 나부끼던 깃발에 대한 미학적 결정(結晶)이라는 관점이 제거될 필요는 없다. 작품 공간을 이루는 요소들의 상호작용에 대한 정밀한 분석은 작품 생산의 기원, 즉 작가의 체험, 외부적인 공간 등을 함께 고려할 때 설득력을 배가할 수 있다. 이는 골드만의 지적대로[30] 작품의 구조에 대한 온전한 분석과 사회구조 사이의 상동성을 밝혀내는 '이해'와 '설명'의 변증법과 접점을 이룰 수도 있다.

작품공간과 실재공간 사이의 상동성에 주목하면서 텍스트의 공간이 지니는 의미를 흥미롭게 제시하는 작품으로 박태원의 「소설가 구보씨의 일일」(《조선중앙일보》, 1934. 8·1~9·19 연재)을 들 수 있다. 이 작품은 시간의 계기적 흐름에 따른 서사적 흐름보다는, 도시 공간 포착의 순간성이 드러나는 공간의 편린들[31]이 강조된다. 박태원 스스로 고현학 modernologie이라고 명명한 이같은 소설쓰기는 일종의 소설을 만들어가는 과정을 낱낱이 보여줌으로써 '현실 질서의 미학적 왜곡'이라는 기존의 방법론에 대한 희화화를 시도한 것으로 볼 수 있다.

> 구보는 마침내 다리 모퉁이에까지 이르렀다. 그의 <u>일 있는 듯싶게 꾸미는 걸음걸이</u>는 그곳에서 멈추어진다. 그는 어딜 갈까, 생각하여 본다. 모두가 그의 갈 곳이었다. 한군데라 그가 갈 곳은 없었다.[32] (밑줄강조는 인용자)
> ─박태원, 「소설가 구보씨의 일일」에서

그가 대문을 나선 후 하천 길을 따라 광교 방향으로 향하면서 제일 먼저 고심한 것은 어디로 갈까, 하는 방향성의 문제였다. 한 공간에서 다른 공간으로의 이동이 이 소설을 직조하는 기본 원리이다. 이 소설에서 구보가 경험하는 공간을 그의 걸음을 따라 보면 다음과 같다.

집→광교→전차→조선은행앞→장곡천정(충무로)→다방→남대문→경성역→장곡천정의 다방→전차→종로네거리→대창옥→광화문→다방→조선호텔앞→낙원정 카페→종로네거리→집

이 작품에서 구보는 하루 동안 여러 장소를 배회하면서 사람들을 만나지만 실상 특별하게 일어난 사건은 거의 없다. 소설 속에서 사건의 무화는 서사적 구성의 약화를 의미하며, 시간 구조의 '공간화' spatial form를 만들어내면서 소설 자체를 하나의 반복형으로 주조한다. 구보

는 소설의 마지막에서 이제는 집에 들어 앉아 소설을 쓰겠다고 다짐하지만, 사실은 배회하는 도중에 〈이 작품의 결말은 이대로 좋을 것인가〉 고민하고 낙원정 술집에서는 여급들이 권하는 술을 마시면서도 그 상황을 〈무슨 진리나 되는 듯이〉 기록한다. 소설가 박태원, 혹은 구보의 글쓰기는 구보의 소설가화라고 할 수 있으며, 공간의 소실화 혹은 소설의 공간화라고 부를 수 있다. 『천변풍경』(《조광》1936, 9과 1937, 1~9월 사이 연재) 역시 공간 묘사가 문학의 몸체를 이루는 작품이다.

[2] 문학생산의 기원으로서의 공간 : 지리적 대상과 체험적 공간성

작가의 체험과 미학적으로 재구성된 체험 사이의 관계는 단순하지 않다. 소위 미학적 왜곡이란 체험의 단순 변용 외에 좀더 복잡한 심리적, 정서적 계기들이 내포되어 있기 때문이다. 따라서 미학적으로 재구성된 실재, 즉 작품 속에 경험된 공간은 몇 가지 다른 층위를 갖는다고 할 수 있다. 첫째, 체험의 직접적 반영형태 둘째, 상상력을 작용하게 하는 최소한의 동기부여 셋째, 무의식의 작용을 통한 완전한 변형이다.

하지만 이와같은 구분은 뚜렷한 차이를 지니기 어렵다. 다만 체험과 미적 구조 사이의 관계를 밝히는 통로의 역할은 기대할 수 있을 것이다. 결국 문학작품이 생성되는 가장 근본적인 원인으로 작가의 체험, 특히 공간에 대한 체험은 작품 속에 드러난 지리적 대상에 대한 묘사 형태에 대한 탐색을 가능하게 한다. 다시 말해 문학 공간 연구를 지리적 공간의 연구로 축소할 때, 공간 연구는 서술의 흐름을 유예시키는 공간묘사의 분석[33]으로 귀결된다.

이럴 경우, 어떤 작품 속에 묘사된 공간이 작가의 체험 범위에서 어떤 특정한 장소를 가리키는지, 혹은 어떤 장소로부터 문학생산의 동기를 부여받았는지가 연구의 중요한 대상이 될 것이다. 여기에는 작가의 전기적인 기록과 삶의 문제가 함께 고려되어야 할 것이다. 뿐만 아니라, 작가의 심리적 성향, 교우관계 등 다양한 자료들이 관심의 대상이어야 한다. 다만, 문학작품에서 묘사된 공간이 어떤 특정한 장소의 변용과 굴절에 의해 축조된 형식이므로 이는 '체험의 내면화'로 요약되는 특성을 지닌다. 이는 거꾸로 작품 자체가 '내면화된 체험' 형태라고 말하는 것과 같다.

　　겨울 文義에 가서 보았다.
　　거기까지 닿은 길이
　　몇 갈래의 길과
　　가까스로 만나는 것을.
　　죽음은 죽음만큼 길이 적막하기를 바란다.
　　마른 소리로 한 번씩 귀를 닫고
　　길들은 저마다 추운 쪽으로 벋는구나.
　　그러나 삶은 길에서 돌아가
　　잠든 마을에 재를 날리고
　　문득 팔짱 끼어서
　　먼 산이 너무 가깝구나.
　　눈이여 죽음을 덮고 또 무엇을 덮겠느냐

　　겨울 文義에 가서 보았다.
　　죽음이 삶을 껴안은 채
　　한 죽음을 받는 것을.
　　끝까지 사절하다가

죽음은 인기척을 듣고

저만큼 가서 뒤를 돌아다 본다.

이 세상에 눈이 내리고

아무리 돌을 던져도 죽음에 맞지 않는다.

겨울 文義여 눈이 죽음을 덮고 또 무엇을 덮겠느냐.

—고은,「문의 마을에 가서」[34], 전문

어떤 작품은 작가의 체험이 작품 이해의 중요한 참고가 될 수 있는데, 이 시가 여기에 해당된다. 작품에 등장하는 〈文義〉의 실재성과 시인의 체험은 매우 밀접한 상관관계를 지닌다. 겨울의 문의는 여러 갈래의 길을 돌아야만 했던 걸까. 시인은 그 길을 가까스로 만났다고 말한다. 그 길은 죽음만큼이나 적막하다. 그 길에서 시인은 잠시 팔짱을 끼고 바라본다. 눈 속에 잠긴 듯한 길은 멀리 보이고, 가깝게 보이는 것은 산뿐이다. 문의에 대한 묘사는 길과 죽음의 풍경으로 제시된다. 문의는 죽음이 삶을 껴안은 자세라는 것, 이는 물론 어떤 체험에 대한 문학적 변용의 결과이다. 눈 덮힌 문의의 풍경은 아무리 돌을 던져도 닿지 않는 죽음의 세계라는 시각이 지배적이다. 여기에 대해서 시인은 이렇게 말한다.

1967년 겨울, 그 무렵 내가 제주도 생활로부터 막 돌아와서 친숙하게 지낸 절필자 신동문(辛東門)의 어머니가 오랜 독신으로 살다가 세상을 버렸다. (…)영구는 청주를 벗어나서 청원군의 문의마을에 이르렀다. (…)장지 일대에는 눈이 쌓이고 있었다. 겨울 나뭇 가지들은 앙앙 우는 것처럼 눈을 이고 있고 마을 지붕은 아주 행복하게 눈에 매장되어 있었다. (…)자연이 사람에게 극도로 귀의 하고 있었다. 그러나 그때 (…)장의 버스가 그 마을에 도착했을 때 정신이 건강하지 못한 신동문의 누이가 영구를 꺼낼 때 그 영구에 매달려

서 통곡하는 것을 기이한 희열, 어떤 관능의 저쪽에 있는 허무 직전의 희열로 실감했다.[35]

충북 청원군 소재 문의는 현재 대청댐에 의해 일부가 수몰된 지역이다. 이와같은 시인의 체험 공간이 작품으로 형상화되었다는 점이 지리적 문학공간에 대한 일차적 관심사가 아닐 수 없다. 그러나 간과할 수 없는 사실 가운데 하나는 체험이 곧바로 문학적 형식화를 이루지는 않는다는 점이다. 즉 시의 경우 논리(체험)보다는 정서적 반응형식이 더욱 중요하며 구체적인 삶의 현상과 경험을 자아가 어떻게 내면화하느냐의 문제, 즉 은유적 상상력 metaphorical imagination[36] 이 무엇보다도 중요하기 때문이다. 이를 확대하여 생각할 때 문학은 삶의 형식과 논리를 정서적으로 양식화는 행위라는 결론에 이른다. 실재적 공간에 대한 체험의 문학적 변용은 이같은 관점에서 설명된다.

무진에 명산물이 없는 게 아니다. 나는 그것이 무엇인지 알고 있다. 그것은 안개다. 아침에 잠자리에서 일어나서 밖으로 나오면, 밤 사이에 진주해 온 적군들처럼 안개가 무진을 빙 둘러싸고 있는 것이었다. 무진을 둘러싸고 있던 산들도 안개에 의하여 보이지 않는 먼 곳으로 유배당해 버리고 없었다. 안개는 마치 이승에 한(恨)이 있어서 매일 밤 찾아오는 여귀(女鬼)가 뿜어내 놓은 입김과 같았다. 해가 떠오르고 바람이 바다 쪽에서 방향을 바꾸어 불어오기 전에는 사람들의 힘으로써는 그것을 헤쳐 버릴 수가 없었다. 손으로 잡을 수 없으면서도 그것은 뚜렷이 존재했고 사람들을 둘러쌌고 먼 곳에 있는 것으로부터 사람들을 떼어 놓았다. 안개, 무진의 안개, 무진의 아침에 사람들이 만나는 안개, 사람들로 하여금 해를, 바람을 간절히 부르게 하는 무진의 안개 그것이 무진의 명산물이 아닐 수 있을까!

—김승옥, 「무진기행」에서

이 소설은 1964년 7월에 발표된 작품이다. 작가 김승옥은 1941년 12월 23일 일본에서 태어나 1945년 귀국하여 전남 진도에서 몇 달 살다가 본적지인 전남 광양에 정착한 후, 다음해 순천으로 이사하여 48년 순천 남국민학교에 입학했다. 그해 아버지를 잃고 다음 해에 여수 경산국민학교로 옮겼으며, 여수 반란사건과 한국전쟁이 발발하자 경남 남해로 피난을 갔다가 수복 후 순천 북국민학교로 전학하였다.[37]

작품의 주요 무대인 〈霧津〉이 작가가 실제 경험한 어느 바닷가 마을인지, 혹은 상상속의 공간인지 불문명하지만, 유년시절 작가의 성장체험과 완전히 무관하지는 않을 것이다.[38] 동시에 1960년대의 삶이 풍경을 고려할 때, 무진은 누구나 체험하거나 공감하는 보편적 공간일 가능성도 있다. 그것은 쓸쓸하고 고뇌하던 청춘의 한때를 증거하는 하나의 내면적 형식이기 때문이다.[39] 이럴 경우 무진은 체험의 대상, 상상력의 공간, 그리고 시대적인 반향을 내포하는 정신사적 공간이 되기도 한다. 따라서 작품에 등장하는 지리적 대상으로서의 공간이 어떤 형태로 존재하는가는 그것이 어떻게 묘사되었는가를 살피는 일이 우선되어야 할 것이다.

39) 김윤식, 『한국현대문학사』, 일지사, 1976, p.222. 김윤식은 이어 이 작품의 의미는 다음 두 가지 이유에서 좀더 극대화된다고 하였다. 첫째, 안개는 단순한 사물로서의 그것이 아니라, 4·19 혁명의 좌절로 인해 젊은이가 품게 된 허무의식의 발로이며, 둘째, 전염병처럼 번지기 시작한 60년대의 세속적 출세주의의 자의식적 발현이라는 것이다.

동향(東向)인 솟을대문은 한 쪽 처마가 기우뚱 내려앉아 있었다. 지붕 골기 왓장 틈새에는 여름철이면 풀이 자랄 정도로 고색창연한 대문이었다. 솟을대문은 주인댁 노마님이 자나깨나 문단속을 당부했으므로, 늘 빗장이 질러져 있었다. 빗장을 질러놓지 않는다면 하루에도 수십 차례 잡상인과 거지가 들

락거렸을 터였다. 솟을대문 앞에서 큰 소리로 왜자긴다 해도 그 소리가 안채에까지 들리지 않을 텐데도 아침과 저녁 무렵이면 몇 차례씩 대문을 흔들며, 밥 좀 주세요 하고 소리치던 거지가 한동안 문틈으로 귀기울이며 기다리다 힘없는 발길을 돌리곤 했다. 홧김에 발길질로 대문을 걷어차고 가는 거지도 있었다.

—김원일, 『마당깊은 집』에서

이 부분은 작중 서술자가 삼십년이 흐른 뒤에도 자신이 살던 마당 깊은 집의 구조를 충분히 회상할 수 있다고 하면서 집의 구조를 묘사하는 대목의 하나이다. 서술자의 기억이 곧 작가 자신임을 추측하게 하는 이 작품에서 가장 중요한 것은 '집'에 대한 기억과 묘사이며, 그 집에서 일어나는 여러 가지 사건에 대한 서술이다. 그런데 마당 깊은 집을 묘사하는 대목은 중요한 특징을 갖는다. 그것은 공간묘사와 서사의 결합 방식이다. 물론 이같은 방식이 새롭지는 않지만 문제는 실재적 경험과 상상적 재구성이 문학공간 묘사에서 혼재될 수밖에 없다는 사실이다.[40]

따라서 지리적 대상이 문학 공간을 형성하는 경우, 작품의 주제의식이라는 면에서 세 가지 경향을 지닌다고 할 수 있다. 첫째, 작가의 개인적 경험이 강하게 드러나면서 실존적인 물음을 범주화하는 경우, 둘째, 동시대적인 문제를 내포하면서 현실적인 반향을 갖는 경우, 셋째, 시간과 역사, 이념의 문제를 제기하는 경우가 그것이다. 이와같은 층위는 문학 공간이 작가의 세계관과 밀접하게 연관된다는 전제하에 고려될 수 있다. 이상의 「날개」에서 드러난 자의식적 공간으로의 방, 김승옥의 『서울 1964년 겨울』에서 서울이라는 공간이 지니는 시대적

---

[40] 김원일의 『마당 깊은 집』은 작가의 성장체험에 근거한다고 많은 사람들이 이해하고 있지만, 적지 않은 부분이 작가의 상상력에 의해 재구성된 것임을 확인할 수 있었다. 작가 김원일은 필자와의 한 대담에서 필자가 감동을 받았다는 부분이 사실 상당부분 허구였다고 말한 바 있다. 김원일, 한원균 대담, 「기억의 저편, 아름다운 상처에 대한 기록」, 『김원일의 마당깊은 집을 찾아가는 발걸음』, 청동거울, 2002.

인 의미, 조정래의 『태백산맥』에서 참담했던 우리 역사의 한 징후로 등장한 벌교의 공간성이 이같은 요인을 지니는 작품으로 고려될 수 있다.

4. 문학공간 연구의 과제

문학 공간은 공시적, 통시적 방법에 의해 그 연구의 지평을 넓힐 수 있다. 즉 주제론적 탐색과 문학사적 접근이 그것이다. 문학공간은 단순히 소재적인 부속물이 아니고 작품의 의미를 심화, 확대하면서 작가의 세계관을 수렴시키는데 기여한다. 공간에 대한 연구는 일차적으로 근대적 의미의 공간이 지니는 철학적 사유에 대한 검토가 이루어져야 하지만 문학 공간연구는 순수 물리학적 공간 연구와 구별될 필요가 있다. 건축, 미술, 문학 등의 예술이 공간을 어떻게 내면화하고 표상화하는가의 문제는 매우 다양한 층위와 관련된다. 그것은 공간 표상이 인간의 관점에서 수용되고 해석되는 과정에 대한 의미부여라 할 수 있다. 바슐라르 식으로 말하자면, 소유되는 공간, 적대적인 힘에서 방어되는 공간, 사랑받는 공간, 이러한 공간들의 인간적인 가치를 규명하는, 장소 애호 topophilie라는 명칭을 부여할 만한[41] 작업이다.

결국 공간에 대한 연구가 어떤 가치를 지니며 어떤 역사적인 의미를 지니는가의 문제가 공간 연구의 중요한 과제가 된다. 가령, 방, 집, 정원, 마을의 나무, 바다, 길, 들판, 광장 등이 작가의 체험, 지리적 연관 아래서 어떻게 공간적 의미를 획득하는지, 또한 역사적으로 이와같은 표상들은 어떻게 변주되어 나타나는지를 살펴볼 수 있을 것이다. 문학 공간 연구가 작품의 텍스트성을 밝히는 데 국한되지 않는다면 이같은 연구는 최근의 문화적 흐름을 수용하는 한 가지 방법이 될 수 있다. 문학과 공간의 상관관계를 문학교육과 문화이해의 효과적인 도구로 제작하는 방안이 유력하게 대두되고 있기 때문이다.[42]

본고에서는 문학공간을 ① 텍스트 자체로 성립하는 공간과 ② 지리적 대상으로서의 공간으로 나누어 살펴보면서 일종의 유형화를 시도하였다. ① 텍스트 자체의 공간은 다시 (1) 텍스트의 구조 (2) 사건과 서사의 진행공간으로 구분하였고, ② 지리적 대상으로서의 공간은 (1) 작가 체험의 재구성 (2) 텍스트 생성의 기원 혹은 반영 대상이 그것이다.

[42] 문학공간의 디지털화 연구는 향후 새로운 문학연구의 패러다임으로 등장할 것이다. 이에 대해서는 김수복,「문학공간의 데이터베이스 활용과 문화산업」, 《문학과 산업 어떻게 만나야 하나》, 제1회 문학과 문화산업 세미나 발표집, 동국대학교 한국문화연구단, 2004, 9, 24) 김명준,「문학공간의 데이터베이스 구축을 위한 기술 방법 연구」(제7회 한국문예창작학회 정기 학술세미나 발표, 경희사이버대, 2004, 11, 13) 등에서 효과적으로 연구되고 있다.

그러나 이런 구분은 문학 공간 연구를 위한 하나의 방법론만을 제시했다는 한계를 노출한다. 향후 문학 공간 연구는 좀더 구체적인 작품현상을 통해서 공간 연구의 범위와 대상을 확정하고 주제론적이면서 통시적인 관점이 병행되어야 할 것이다. 또한 한국의 정치, 사회, 문화의 환경을 면밀하게 분석하면서 동시대 삶의 문제를 구조화하는 관점에서 공간 연구가 이루어져야 하며, 문학 공간 연구는 이같은 전제 하에 조망될 때 더욱 풍요로운 의미를 얻을 것이다. 더욱이 문학 공간이 문학창작의 현장에서 활용되고 문화 의식을 제고하는 데 기여하려면 좀더 세밀하고 실용적인 차원에서 데이터베이스가 구축되어야 할 것이다. 본고 역시 향후 이같은 작업이 효과적으로 이루어지기 위한 다학제적 연관성을 매우 관심있게 수용한 결과라 할 수 있다.

※ 이 글에서 다루어진 문학작품을 〈문학과 공간〉이라는 제목으로 중점 분석해 보자.

3) 작가/시인론

제목: 발견과 여정

1. 고은을 읽는 몇 가지 이유

지금 고은을 다시 읽어야 한다면 이는 다음 몇 가지 이유 때문이라고 생각할 수 있다.

첫째, 한국시의 정치적 상상력, 혹은 현실주의적 지평을 심화, 확대시키는데 그의 시가 크게 기여했다는 점이다. 여기서 정치적 상상력을, 단순히 부도덕한 정권에 맞서 싸우는 일에 국한하지 않고 삶의 조건을 개선하고자 하는 일련의 담론행위를 지칭하는 것으로 이해할 때, 1973년 민청학련 사건으로 구속된 김지하의 석방 운동 등으로부터 팔레스타인 소년의 비극적 죽음을 애도하는 2002년의 작품「신록」에 이르기까지, 그는 김지하, 신경림 등과 함께 현실 모순에 대한 적극적인 '인식' 행위를 통한 문학적 '실천'[43]을 지속한 시인으로 기록될 것이다.

둘째, 고희(古稀) 이후 그의 시는 국내적인 모순의 극복과 함께 세계사적인 문제를 적극적으로 포회한다는 사실이다. 남북 분단의 극복이라는 모티브는 우리 문단의 오래된 주제의 하나이면서 사실상 문학적 자의식의 형성에 중요하

---

[43] 이론과 실천의 상호작용은 하버마스의 이론에 근거한 것이다. 하버마스에 의하면 실천의 의식적 측면을 관심에 관련시켜 이론과 매개함으로써, 이론이 주체에 의해 행동으로 옮겨질 때, 주체의 관심에 따라 그 이론이 객관화하여 현실로 정착되는 과정을 구조적으로 해명한 바 있다. 이를 언어—실천의 관점에서 이해하는 것도 매우 유용한 관점이라 판단된다. 이에 대해서는 J.하버마스, 홍윤기외 역,『이론과 실천』, 종로서적, 1982 및 역자 주석 참조.

게 작용한 요인이라 할 수 있다. 1980년대를 정점으로 분단극복을 향한 문학적 열망은 새로운 방법론과 대안을 요구받기에 이르렀는데, 가령, 탈북자의 문제에 대한 문학적 관심[44] 등이 두드러진 예에 속한다. 1990년대의 포스트모더니즘 논의는 한국문학을 급격히 탈정치주의의 길로 들어서게 했지만 산적한 현실문제에 대해서 많은 작가, 시인들은 침묵했으며, 논리와 이론의 자기 재생산을 통한 문단권력의 비대화만을 초래했다. 이같은 상황에서 고은은 소위 민중주의적 세계관을 내면적인 성찰의 계기로 전환하면서 한국내의 모순뿐 아니라, 인류사의 문제에 대하여 깊은 관심을 드러낸다.

44) 퇴근 탈북자에 대한 문학적 관심은 주로 소설을 통해서 드러나고 있지만, 필자는 한국문학의 모순인식이라는 관점에서 이 외같은 현상은 중요한 가치를 지닌다고 판단한 바 있다. 이에 대해서는 졸고, 「탈북자 문제의 소설 사회학」, (한국문예창작학회 주최, 〈2005 국제문예창작학술세미나〉 주제발표, 2005, 5, 28, 단국대학교) 참조.

셋째, '미당이 여든 살이 넘도록 현역시인으로 남았던 점은 장한 일이나, 일부를 빼고 나면 환갑이 지난 뒤의 창작은 긴장 풀린 관광객의 기록이나 객담에 가까운 것들'[45] 이었다는 관점에 비추어 볼 때, 고은의 시는 일정한 수준의 시적긴장을 유지한다는 점이다. 고은의 초기시에서 나타난 비문과 논리적 비약이 종종 연구자들의 지적사항이 되고 있음은 사실이지만, 시적 연륜이 쌓여갈수록 그의 시는 한층 미학적 완성도를 높여가고 있다는 것 역시 주목의 대상이 된다.[46] 하지만 이 점이, 사물을 비약적으로 파악하는 고은 특유의 화법을 폄하하는 데 동원될 수는 없을 것이다. 고은을 둘러싼 논쟁에서 자주 목도되는 현상 가운데 하나는 그의 시가 지니고 있는 미학적 특질과 세계관의 문제보다는 주로 문단 정치와 권력의 문제에 근접되어 있다는 점으로, 이는 매우 유감스러운 일이 아닐 수 없다.[47]

46) 시를 개작하는 일로 고은은 유명하다. 그는 2002년 김영사에서 고희기념 시 전집을 출간할 때 역시 몇 몇 작품을 개작해 놓았다. 하지만, 김영사판의 개작은 작품의 전반적인 이해를 크게 달리하는 것이 아니므로 개작의 범위에 포함하는 것은 무리가 있다고 판단되어, 1983년 민음사 전집까지를 개작과정으로 보아야 할 것이다. 이에 대해서는 졸저, 『고은시의 미학』(한길사, 2001), 〈제1장 초기시 개작유형 및 텍스트 선택의 문제〉에서 자세하게 다루었다.

문학의 환경이 변하고 있다는 사실은 중요하지만, 그러한 변화에 주목하자고 하는 논의들이 우리문화를 얼마만큼 살찌우게 했는지도 모를 일이다. 지식의 과대포장, 권력화를 통한 담론의 지배 등이 횡행했던 시간을 기억하기란 유쾌하지 않다. 문학적 진정성에 대한 갈망이 시대착오적으로 보였으며, 이론적으로 읽히는 작품만이 집중적으로 조명되기도 했다. 가령, 진보적인 담론 가운데 하나인 생태주의 역시 '닮고 싶은 욕망'을 자아내는 권력의 블랙홀이었음을 고백하는 것은 어떨까. 탈중심의 논리가 어느덧 권력을 향한 중심의 언어로 탈바꿈하는 기이한 현상에 대해서 깊이

47) 몇 년 전 고은의 「미당담론—자화상과 함께」(창작과 비평, 2001, 여름)는 미당 서정주 시의 미학적 위상에 관한 논의보다는 오히려 고은의 정치적 역학관계에 대한 논란을 가져왔다. 이 글이 발표된 지 얼마 후에는 중앙의 한 유력일간지 문화면에 「문단, 친고은파 vs 반고은파, 시인 고은 평가 '극과 극'」(동아일보 2001. 9. 17)이라는 황당한 기사가 실렸다. 기사의 요점은, 당시 문단은 친고은파와 반고은파로 나뉘는데 기자는 필자의 저서 『고은 시의 미학』(한길사, 2001)과, 남진우씨의 『그리고 신은 시인을 창조했다』(민음사, 2001)를 두고 각각 친고은파와 반고은파의 대표적인 예라는 것이다. 필자는 이 기사가 갖고 있는 문제점을 조목조목 비판하여 기자의 이메일로 보냈으며, 이 내용은 9월 20일자 동아일보 인터넷판에 게재된 바 있다. 또한 최근의 논란 가운데 하나는 황종연 교수의 글 「민주화 이후의 정치와 문학—고은 '만인보'의 민중—민족주의 비판」(문학동네, 2004, 겨울)이다. 이 글에서 황교수는 고은의 『만인보』를 우리 시대 '최고의 민중주의' 작품으로 평가하면서 일련의 비판을 가한다. 여기에 대해서 하정일 교수의 비판(「황종연 교수의 '민주화 이후의 정치와 문학'을 비판한다」, 교수신문, 2004. 12. 12)이 있었고, 황종연 교수의 반론(「민중상의 탈신화 필요」, 교수신문, 2004. 12. 16)이 이어졌다. 여기에 필자는 문학논쟁의 정치적, 권력적 고려를 배제하면서 미학적 성찰이 필요하다는 의견을 제시한 바(「시는 현실을 재현하지 않는다」, 교수신문, 2004. 12. 26) 있다.

있는 진단이 없었다는 점도 반성할 대목이다. 작품과 작가, 시와 시인을 다르게 봐야 한다는 논의로부터, 고민하지 않고 쓰는 시인이 양산되고, 문학 외적인 기준으로 작품을 평가하는 오류가 탄생한다.

이런 점에서 최근 고은의 시는 다음 두 가지 중요한 특징을 보인다. 하나는 삶의 경험을 좀더 직접적으로 드러내 보임으로써 비판적 지성이 강조되는 '정신의 시' Poesie des Geist를 구축한다는 것이며, 다른 하나는 '보편언어'[48]로 명명할 수 있는 새로운 가치관의 모색이다. 개별작품은 하나의 완성된 세계라는 의미에서 이데올로기를 지니지만, 고은에게 시는 개별적 특성으로서 미적 세련성을 지향하기보다는 세계관의 외화형태에 가깝다. 화자와 시인의 경험적 간극을 최소화하는 시 쓰기를

통해 그는 자신의 삶과 시를 완벽하게 통일하고자한다. 그의 삶이 곧 시이고, 시를 위해 삶은 존재한다. 시는 그의 존재를 추인하는 타자이다. 지금 그는 민족이라는 협소한 개념에서 벗어나 언어의 호환성에 초점을 둔, 인간에 대한 근본적인 이해라는 새로운 가치관을 지향하고 있다. 이는 지역성 특수성을 인간 이해라는 보편적 차원으로 승화시키려는 시적 노력이라고 볼 수 있다.

48) 고은을 이해하기 위해 민족주의와 세계언어라는 개념을 설정할 필요가 있다고 생각한다. 민족주의란 자기 시대가 빚어낸 특수한 상황에 대한 이해를 의미한다면, 세계언어란 보편적 경험을 강조한 용어로 볼 수 있다. 모국어와 다르다는 의미가 아니라, 공유가능한 경험, 체험, 사유, 가치, 의식이라는 관점에서 세계언어라는 개념을 사용할 수 있을 것이다. 일종의 '문화적 호환성'으로도 명명할 수도 있다. 필자는 얼마 전 고은의 최근 시를 이와같은 관점에서 읽어야 한다는 취지의 글을 발표한 바 있다. 이에 대해서는 졸고, 「Nationalism and World Language」, 한국문예창작학회주최 제1회 러시아 바이칼 국제창작심포지움(2002, 8, 13) 발표문, 『Nation, Literature, Language』, 한국문예창작학회, 2002.

2. 모순의 보편성에 대해 사유하는 일

고은에게 과거 민주화 투쟁기는 매우 중요한 의미를 지닌다. 그러나 그로부터 많은 시간이 흘렀고, 환경 변화의 폭은 컸다. 독재정권에 대한 문학적 항거가 그의 시를 이해하는데 중요한 근거가 되기도 했지만, 1990년대 이후 그를 여전히 민족문제에만 국한하여 이해하는 것은 위험한 편견이다. 그에게 민족이란, 정확히 민족모순을 의미한다. 민족에 대한 쇼비니즘적 태도가 아니라, 여전히 해결되지 못한 분단모순을 업보처럼 등지고 있는 우리 현실에 대한 안타까움이 그에게 존재할 뿐이다. 분단문제에 대한 과학적 접근법이 한층 중요하게 부각된 요즘의 사정을 감안한다 해도, 그가 보여주는 분단극복에 대한 열정은 소중하다. 최근 북한 핵을 둘러싼 동북 아시아의 갈등이 배타적 국수주의를 강화시키고 있는 현상은 장기적으로 볼 때 유익하지 않다고 판단된다. 기존의 수구적, 보수적 태도의 상대적 우위는 남북 문제의 발전적인 해결을 위해서 바람직하지 않다. 북한 정권의 태도에 대해 납득할만한 조치를 취하는 일과 과거 냉전적인 구도로 돌아가는 일은 구별되어야 한다.

고은의 현실인식은 이와같이 중층적이고 복합적인 상황과 무관하지 않다. 이것을 민족에 대한 맹목적 사랑, 국제화의 논리에서 비껴난 변방의 태도로 인식하는 것은 문제가 아닐 수 없다. 오히려 그의 현실주의적 시각이 지니는 당대적 의미는 지속적으로 규명되고 의미부여가 이루어져야 한다. 분단모순의 문제와 함께, 그는 자신에 대한 반성과 과거에 대한 회상, 그리고 삶의 방향모색에 주력한다. 정치적 상상력의 원천을 시와 삶의 문제, 보다 본질적인 물음으로 전환하고자 하는 지점에 그의 1990년대 시가 놓였다. 그는 즉자적인 존재가 곧 타자를 위한 존재나 또는 바로 자기 눈앞에 펼쳐져 있는 현실과 동일한 것임을 증명하고자 한다.

한반도의 분단이 고은 시와 분리되기 어렵다는 것은 주지의 사실이다. 그의 존재가 한국문학에서 차지하는 위치는 바로 한국내의 민족모순과 이에 대한 극복의지로부터 형성되었기 때문이다. 최근의 『남과 북』(1999)은 민족모순의 극복을 위한 하나의 대안으로서 민족적 삶의 원형을 제시한다. 이질화된 남과 북의 문화적 차이를 단순히 정치적인 구호, 당위적인 과제로 인식하는 것이 아니라, 그들의 언어에서 찾고자 했다는 점이 그것이다. 분단 이전의 생활세계나 풍습 등 공통의 경험과 기억을 환기함으로써 분단 이데올로기를 극복하고자 한 것이다. 물론 그가 금기의 지역인 북한을 답사할 수 있었다는 사실은 달라진 남북관계의 단면을 보인 예라 할 수 있다.

분단문제에 대한 그의 인식은 한반도의 특수성에만 국한되지 않는다. 그것은 민족모순의 해결이라는 차원을 넘어서, 세계에 존재하는 불합리한 이별과 자유를 억압하는 모든 문제에 대한 적극적인 관심으로 이어진다. 그러면서 동시에 그는 '나는 누구인가'라는 근본적인 질문에 자주 마주선다. 자신에 대한 질문의 형식이 가장 잘 형상화된 작품은 『머나먼 길』(1999)이다. 연어의 모천회귀를 노래한 생명의 서사시로 볼 수 있는 이 작품에서, 그의 자기반성은 매우 철저하고 근본적이다. 〈나는 나라고 말하지 말자/내가 아니다〉라고 그는 노래한다. 〈자유란 무욕(無慾)이다〉는 깨달음 또한 자기부정의 산물이다. 그는 〈나는 다시 태어나야 한다〉라고 하면서 〈정신은 쉴 줄 모르는 운동이다〉라고 말한다. 이는 철저한 자기부정을 통해 역사와 현실로 다시 돌아와 있음을 증명한 것이다. 그는 이렇게 말했다. 〈아무리 역사는 잔인하지만/물에 따라 흐르는 일도/물을 거스르는 일도/나에게는 역사이다〉라고. 자유는 일차적으로 정치적인 속박과 억압이 없는 상태, 즉 군사독재 시절 비민주적인 정치와 언로(言路)에 대한 탄압으로부터 벗어나는 것이었다. 그러나 궁극적으로 그에게 자유에 대한 의미탐구는 세계의 존재 원리에 대한 깨달음과 그 속에서 삶의 문제를 묻는 실천행위이다. 그는 1997년 40일 동안 티베트의 히말라야 부근을 여행한다. 그의 여행은 이후 계속되는데, 미국에서 이루어진 교환교수 생활과 현재에도 이어지는 세계 시인들과의 만남 등은 그에게 매우 독특한 시적 영감을 가져다 주고 있다. 히말라야를 여행하고 돌아와서 출간한 시집 『히말라야 시편』(2000)에서, 그는 〈나를 키운 것은 진리가 아니라 길이었다〉라고 말한 바 있다. 길, 혹은 길가기란 초기시부터 지속적으로 그의 시를 생산하는 토대가 되었다. 그에게 길가기는 자기해탈의 염원을 소망하는 소극적인 행위라기 보다, 타인과 만나고 소통하는 방식에 대한 보다 근원적인 성찰이며, 동시에 진정한 자유란 무엇인가라는 화두에 대한 답변형식이다.

3. 상호승인, 혹은 성숙한 시민사회를 위하여

시가 개인적 영역을 공적인 영역으로 전환시키면서, 사회적 상상력의 극점까지 상승하는 모습을 보여준 20세기 마지막 시인의 대열에 고은을 포함시키는 것은 그래서 자연스럽다. 최근 우리사회가 직면하고 있는 일련의 과제들, 가령, '한국적 합리주의의 실현' 혹은 '진정한 의미에서의 개인주의의 발견', 그리고 '상식과 보편적 사유가 존중받는 분위기 조성' 등이 개인적 차원이 아니라 공적인 차원, 제도화된 '공공의 영역'을 수립함으로써 실현될 수 있는 가치체계라 할 때, 한 사람의 시인을 통해 이같은 문제들을 발견하고 그의 문제제기에 관심을 갖는 일은 쉽지 않지만 필요한 일임에 분명하다. 특히 인문학적 사유의 부재와 이에 따른 경직된 사고방식과 배타적 이기주의는 지금, 이 땅에서 진정한 시민사회의 건설이 가능한가라는 회의적인 물음에 종종 마주하게 한다. 더욱이 여전히 치유되지 못한 동서갈등과 복잡하면서 미묘하게 교차되고 있는 남북 간, 북미 간 갈등은 다양한 정치 사회적인 질문을 던지고 있지만, 위기 상황이 지속될수록 한 가지 분명하게 제시되어야 할 방향성 가운데 하나가 진정한 의미에서 시민사회의 건설이라는 과제이며, 일련의 계몽적 기획이라는 점을 다시 상기할 필요가 있다.

양적으로 축적된 디지털 정보화 시스템은 시간이 갈수록 삶의 고립화를 심화시키고 정보를 권력화시키거나 지식의 토대가 구축되지 못한 상황에서 정보 제일주의 의식을 강화하고 있다. 이같은 현상은 새로운 가치를 생활세계의 원리로 발전적으로 승화시키지 못한 데서 기인하는데, 바로 타인을 이해하는 상호승인의 과정, 인정과정의 부재에서 커다란 원인을 찾을 수 있다. 시민사회의 기본원리란 〈욕구를 만족시키는 가능성이 사회적 연관 속에 놓이는 것〉[49]이라는 평범한 사실에 대한 인식에 기초한다. 자신의 욕망을 실현하기 위한 사회적 활동공간에서 타자란, 개인의 목적을 달성하기 위한 수단이면서 동시에 전체라는 사회적 제약을 선험적으로 이해하는 자아로 규정될 수 있다.[50]

고은은 시를 통해 시민성의 회복이라는 근본적인 명제에 다가서고자 한다. 여기에는 몇 가지 단계가 포함된다. 먼저, 남과 북의 갈등을 어떻게 회복하느냐의 문제와 미국, 혹은 자본주의의 전일적 지배와 한국의 삶 그리고 시를 쓴

[50] 고전적인 예를 들자면, 헤겔은 〈특수성은 보편성의 제약에 얽매어져 있으므로 전체는 매개의 장이며, 이 매개의 장에 있어서 일체의 개별성이나 소질, 출생이나 행운의 일체의 우연성이 자유를 얻〉는다고 말한 바 있다. (헤겔, 이동춘 역, 『법의 철학』 후편, 박영사, 1979, 59면) 헤겔의 이같은 말은 이제는 평범한 이야기가 되었지만, 여전히 우리 사회는 이같은 기초적인 사실이 도덕적 훈련, 교육적 배려, 사회적 승인의 어떤 층위에서조차 제대로 이해되지 못하고 있다는 느낌을 지울 수 없다.

다는 것은 무엇인가라는 실존성과 존재론의 문제가 그것이다. 그런데 무엇보다도 그의 시는 정신의 외화(外化) 형태라는 점이 강조될 필요가 있다. 정신이란, 소박하게는 세계관이면서 역사와 현실의 문제를 이해하려는 적극적인 의지의 총화라는 의미를 담고 있다. 그럴 때 20세기 후반부 한국 시문학사상 고은만큼 정신의 시를 지향했던 시인도 드물다. 『고은 전집』 38권(김영사, 2002) 이후 처음으로 간행된 『늦은 노래』(민음사, 2002)에서 이와같은 고은의 문제제기는 좀더 명시적이다.

시인의 관심은 한반도 내의 특수성의 문제에서 인류사의 문제로 이행되고 있다. 이같은 변화는 질곡의 역사를 여전히 등에 지고 있는 한국의 상황이 더 이상 주변부의 문제가 아니며, 이는, 인간의 실존적 조건의 회복, 가령 자유와 평등의 실현, 문화적 정체성의 확인과 다원주의의 수용 등 세계사적인 과제와 긴밀한 연관이 있다는 판단에 근거한다.

4. 길과 폐허의 시, 여전히 불러야 할 노래

시가 불온한 정치세력과 맞서서 존재한다는 것도 표면적으로는 치열

한 상호과정이라고 볼 수 있다. 그러나 '나' 아니면 '적'이라는 선명한 이분법에 근거한 이러한 대결의 논리는 조율과 타협, 화해의 가능성을 원천적으로 차단하고 있다. 죽음과 죽임의 논리 앞에 어떠한 상호승인의 욕망조차 틈입될 여지는 없다. 1980년대 군사독재 시대 문학의 존재방식은 상대를 해체시키지 못하면 자신이 해체되어야 하는 운명에서 조금도 벗어나지 못했다. 시가 비장한 결의로 가득찬 정신성의 지평으로 나아갔던 것도 어쩌면 초극의 원리, 자기극복의 의지만이 당대의 고통을 견디는 방법이었음을 깨달은 결과일지 모른다. 고은이 이런 방식으로 노래한 시는 상당히 많다.

> 추운 밤이기로서니
> 어둡고 추운 밤이기로서니
> 저 태백산맥 소백산맥 하고많은 골짜기마다
> 제 집을 이루어
> 짐승도 잔짐승도 다 숨어버린
> 추운 밤이기로서니
> 여기 누가 있어 컹컹 짖거니와
> 어찌 먼 길이라 가지 않으리이까
> 가고저
> 언 땅끝 기어이 물푸레나무 파릇파릇 움트는
> 거기 가고저
>
> ―「겨울밤」, 전문

〈물푸레나무〉 움트는 곳으로 기어이 가고자 하는 열망의 심도가 고은의 시를 설명하는 근거가 된다. 인적이 끊긴 눈 내린 추운 겨울밤을 〈컹

컹〉짖는 행위란 고독과 외로움으로 점철된 지사적 삶의 단면을 그대로 드러낸다. 이 〈가고저〉의 의지로부터 고은의 시는 현재에 이르고 있는데 그것은 일종의 불행의식의 예술적 승화과정으로 볼 수 있다. '폐허'에 대한 시적 갈망이 그의 무의식을 어떻게 미학적으로 왜곡하고 있는지 살펴보는 것은 흥미롭다.

갓 스물에
가는 데마다 폐허였어

통행금지의 밤
자주 뜬눈으로 삶보다 죽음에 기울어졌어

폐허는 쉽사리
무엇으로 바뀌지 않았어
무엇으로 바뀌어
다른 아이로 태어나 울지 않았어

전쟁은 가슴속에서 끝나지 않았어

오십 년 뒤
이 도시에서 폐허를 보았어
이 과장된 도시에서
나는 아직도 폐허의 벽돌 조각 그대로였어

그 시절 램프 불빛은 꺼졌으나

아직도 나에게는 폐허 이후가 오지 않았어

—「폐허」, 전문

전쟁을 겪었던 젊은 날의 시간은 말 그대로 폐허 그 자체였다. 육체적인 불구성과 파괴된 삶, 그로부터 파생된 정신의 화석화야말로 상처의 본질이자, 문학적 대응을 요구했던 삶의 공동성(空洞性)이 아니겠는가. 그런데 시인은 그러한 체험을 50년이 지난 지금의 상황에서 발견한다. 물질적 축적이 가져온 정신적 황폐화의 문제가 그것이다. 그런데 다시 보면 전쟁의 폐허로부터 시작된 어두운 정치사와 현실로부터 그의 시적 수원(水源)이 마련된 것이었음을 시인은 고백하고 있다. 폐허야말로 그의 시가 뿌리내릴 수 있는 근원이자 토대가 될 수 있다는 것, 그런데 이 불행의식의 상실이야말로 최근 시인들이 겪어야 할 또 다른 고통임을 그는 말하고자 한 것이다. 그래서 다른 시에서 〈그곳에 간다/기원전 천년의 도시/겨우 몇 개의 화강석 기둥이 남아 있는 곳/거리는 사막이 되고/집들은 바람이 된 곳//그곳에 간다/오직 폐허뿐인 곳/그곳에 간다〉(「어떤 폐허」)라고 노래할 수 있었던 것이다.[51]

그럼 그는 지금 어디로 가겠다는 것인가. 「일인칭은 슬프다」는 시에서 그는 소비에트 사회주의 시인들의 문학을 〈우리들〉로 요약되는 보편성의 범주, 집단의 논리로 이해하고, 따라서 그들에게는 '나'라는 일인칭이 거세되었음을 설명한 뒤, 소련 연방이 붕괴된 이후 최근한국의 삶에는 오히려 '나'라는 인칭이 지배적인 의식을 형성하고 있다고 말한 후 이렇게 노래한다.

---

51) 한국 민주주의가 점진적으로 성숙되는 단계에 들어선 것은 분명하지만 여전히 비판의 대상은 존재하고 있다는 점을 감안할 때, 고은의 문제제기는 단순히 과거에 대한 회고적 한탄에 머무는 것이 아니라, 모순에 대한 몰각을 일깨운다는 적극적인 의미로 해석된다. 「광장이후」(『두고온 시』, 창작과 비평, 2002)라는 시에서도 이같은 문제제기는 매우 진솔하게 펼쳐지고 있다. 비내리는 광장에 서서 옛일을 생각하며 〈누에집〉에 갇힌 듯한 현재를 바라보는 시인의 시선은 아름답기까지 하다.

오늘 환태평양

'우리'와 '나'의 유령들을 무한한 파도에 묻는다

누가 태어날 것인가

'우리'도 아닌

'나'도 아닌 누가 태어날 것인가

파도는 파도의 무덤이고 파도의 자궁이다

여기서 '우리'도 아니고 '나'도 아닌 제3의 의식이란 무엇일까. 그것은 개별성의 영역이 인간의 삶이라는 공동체의 영역 속에서 어떻게 발전적으로 수용되는가 하는, 다시말해 민족적인 모순을 인류의 모순으로 인식해야 한다는 시민주의적 사고로 귀결된다. 『늦은 노래』에서 주목해야 할 시 가운데 「신록」이라는 작품이 있다. 길지만 전편을 인용해본다.

황홀 신록

이런 신록에 학살이 있었다

삼 년 전

아우슈비츠에 가서 토했다 식도가 아팠다

크라카우로 돌아가는 길

더딘 해 뉘엿뉘엿

밀로츠에게는 아픈 고국이었고

나에게는 지난날의 조국이었다

이런 신록에 학살의 기억이 있었다

이 년 전

광주 망월동에 가서 설사가 심했다

내내 휘청거렸다

친구를

몰라보았다

일 년 전

팔레스타인 소녀가

두 개의 돌멩이를 던졌다

이스라엘 탱크가 불을 뿜기 전이었다

지난 3월

팔레스타인 눈 큰 소년이

허리에 폭탄 차고 달려가 자폭했다

저쪽에서 손짓했다

또 달려오라고

신록은 팔레스타인 자치구 폐허에도

한 그루 올리브 나무 잎새 몇 개에 희뿜히 찾아왔다

오 시온의 탱크들! 미사일들!

팔레스타인 자치구 전 지역이 점령당했다

남루한 아라파트가 갇혀버렸다

쏘아버려

쏘아버려

그 말은 아직 샤론의 입에서 나오지 않았다

백 년이나 나무가 없다

풀이 없다

물 한 모금 없다

무너진 벽돌

죽은 몸 눕혀둘 곳도 없다

누구의 꿈속에서

신록은 또다시 학살의 날들을 예감하고 있다

또다시 학살이 오기 전에

팔레스타인으로 가야 한다

가서

목쉰 디르위시를 화상 입은 짐승처럼 만나야 한다

이스라엘 포대 앞

세계의 시인 몇 명이 모여들어

무서우면

노래해야 한다

노여우면

소리쳐야 한다

가야 한다

텔아비브

워싱턴

유엔 총회장에도

가 있어야 한다

아우슈비츠는 과거가 아니라고

제주도와 노근리는 과거가 아니라고

광주는 전설이 아니라고

바람 속 목소리로 말해야 한다

신록에는 세상의 썰물 모두

헤매는 게 같은 바쁜 우정이 있어야 한다

돌아오는 제비처럼

돌아오지 않는 제비를 기다리는

척박한 들녘처럼

연애가 있어야 한다

가서

울어야 한다

죽은 시가 살아나야 한다

신록 이후

가꾼 밭곡식 생이파리들 못 견디는

여름 폭염이 오고 있다

부디 폭염만 있어라

폭염에 헐떡이는 개의 혀만 있고

학살은 가라고

애소해야 한다 절규해야 한다

소야곡

또는 질풍노도의 철야

신록이다

평화를 팔레스타인에 주어야 한다

평화를 이스라엘에 주어야 한다

시가 살아서 돌아오고 있다

평화와 시 두 손님이 폭력의 무덤 안에서 솟아나고 있다

길지만 시 전편을 인용한 이유는 이 작품이야말로 최근 고은 시의 방향성을 뚜렷하게 제시하고 있기 때문이다. 작품의 표면적인 구조는 이스라엘과 팔레스타인 사이의 민족적, 종교적 갈등을 종식해야 한다는 메시지로 짜여있다. 그렇지만 시인은 그들의 슬픈 역사에서 우리의 지난 삶, 4·3 항쟁과 노근리 학살, 광주민주화 운동이라는 불행했던 시간을 떠올린다. 이스라엘의 탱크 앞에서 돌멩이를 던지는 소년의 모습과 망월동의 그림은 겹치고 있다. 그러면서 시인은 팔레스타인 자치구 폐허에서 〈희뿜히〉 찾아오는 신록의 푸른 기운을 바라본다. 아니 정확히 말해서 바라보는 것이 아니라 찾아내고 있다. 탱크와 미사일이 난무하는 죽음의 소용돌이, 죽은 몸조차 눕힐 곳이 없는 폐허의 모래바람과 신록은 선명하게 대비된다. 끝이 보이지 않는 그들의 불행한 삶을 누군가 증언해야 한다면, 그 자는 시인이어야 한다고 고은은 노래한다. 그러므로 척박한 들판에서 돌아오지 않는 제비를 기다리는 마음으로 시인은 울어야 한다고 말한다. 그리고 〈죽은 시가 살아나야 한다〉[52]고 절규한다. 왜 시가 죽었으며, 이런 슬픈 역사 앞에서 시가 왜 필요한가. 이런 질문에 답하는 것이 고은을 읽어야 하는 중요한 이유

---

52) 「죽은 시가 살아나야 한다」는 진술은 하나의 명제로 등장하고 있다. 그것은 최근 한국문화의 상황에서 시의 역할과 존재론에 대한 고은 나름의 진단이 내포되어 있기 때문이다. 필자는 이 진술을 통해 고은 시를 읽어야 하는 이유를 분석한 바 있다. 이에 대해서는 졸고, 「죽은 시가 살아나야 한다」(『시와정신』, 2002, 가을) 참조.

가운데 하나이다. '역사는 끝이 났는가'라는 질문과 정신으로서의 시의 존재론은 함께 설명되어야 하기 때문이다. 역사 종말에 관한 담론들은 한마디로 패권주의적이며 지배적인 일원론의 담론이라는 점, 그 담론을 생산하고 확대하는 논의가 자연스럽게 제1세계의 전일적 승리를 전제로 한다는 사실에 대한 우울한 깨달음[53]이 저변에 놓인다. 이같은 진단은 20세기 후반부 한국문학의 상황에 대한 뼈아픈 통찰과 무관하지 않다. 다층적이며 분산, 확산된 모순에 대한 새로운 인식과 세계사적인 정황 가운데서 한반도 내의 문제를 인식하는 태도가 시인에게 요구되는 과제임을 시인은 제시하고 있다. 이때 시는 진정한 시민성의 획득, 건강한 시민사회에 대한 갈망을 노래하는 새로운 '무기'로 등장해야 한다는 것이다. 상호인정을 통한 문화적 다원성의 옹호야말로 지금 우리시대의 삶이 지향해야하는 제일의 가치라는 점을 고은은 힘주어 말하고 있다. 「그」, 「미국」이라는 시에서 다소 직접적으로 표출된 미국에 대한 비판은 21세기로 접어든 시점에서, 이 땅에서 산다는 것, 시를 쓴다는 것, 문학을 한다는 것의 의미를 돌아보게 하는 중요한 거울로 작용하고 있다.

---

[53] '역사는 끝났는가'라는 질문이 지니는 세계사적 의미에 대해서는 송두율, 『역사는 끝났는가』(당대, 1995) 참조. 1990년대 이후 한국문학이 모든 모순과 갈등이 휘발된 듯한 상황에서 이루어지고 있다는 진단이 가능하다면 진정으로 한국사회도 '역사이후'의 시간으로 진입한 것인가라는 질문이 성립할 것이다. 이에 대한 비판적인 시각을 제출한 김윤식, 「역사의 종언과 소설의 운명」(『문학동네』, 1996, 여름)은 이런 의미에서 주목을 요한다. 필자는 김윤식의 논의에 기대어 한국 소설의 문제를 검토해보기도 하였다. 이에 대해서는 졸고, 「소설의 과제와 승인운동」(『비평의 거울』, 청동거울, 2002)

5. 유보적 결론

고은의 시는 여전히 역사와 현실의 모순과 이에 대한 극복의지에 초점화되어 있다. 20세기를 지나면서 너무나 빨리 잊혀지고 관심권 밖으로 밀려나기 시작한 현실적인 문제들은 그러나 '여전히' 외면할 수 없는 우리시대의 삶의 문제이고, 그런 문제들로부터 문학적 상상력은 벗어나기 어렵다. 개인이 선택할 수 있는 문제이기 이전에 개인이 놓인 환경의 문제이고 누군가는 깊은 관심을 가져야 할 대상인 것이다. 남북 문제는 남북문제이면서 동시에 세계사적인 문제이며, 사회적, 정치적 문제이면서 동시에 개인적, 실존적 문제이고, 한국인의 문제이면서 동시에 인류의 문제이고, 그 반대의 경우도 성립한다. 그러므로 남북 갈등의 해소가 당위적인 차원이 아니라, 인류사의 보편적인 문제의 하나라는 사실과 인간이란 무엇인가라는 근본적인 물음으로부터 해결점은 다시 찾아야 한다는 시인의 목소리에 귀 기울일 필요가 있다. 우리시대 많은 시인들이 산에 오르거나 여행을 떠나고, 고요히 명상에 잠기는 동안에도 고희를 넘긴 노 시인은 '여전히' 이렇게 노래한다.

> 가리
> 그대 모순의 애무 갈망하며
> 함께 가리
> 그대 해탈의 벽 거부하며
>
> 익산 떠나 해 진 들녘 논산에 이르렀구나 옛 마리아와 함께
>
> ―「어느 동행」, 전문

'모순을 갈망하며' 걷는 그의 걸음이 아름답지 않은가. 그래서 그에 대한 어떠한 결론 또한 유보되어야 하는 것이 아닌가.

6. 문화론적 비평 연습을 위한 예시

① 언어는 의사소통의 도구이지만, 보다 광범위하게 문화생산의 기초를 이루고 있다. 언어와 문화의 관계를 어떻게 이해해야 하는가.

② 근대는 행정과 제도에 의한 지배가 이루어지는 사회를 의미하는데, 최근 우리사회는 근대적 가치의 구현이라는 관점에서 어떤 특성을 지니는 사회로 볼 수 있는가.

③ 개인적 기준의 절대화와 극단적 이기주의, 정치적 무관심, 성적 주체성의 문제, 소비지향적 문화구조, 분단극복에 대한 이질적 사고 등은 현재 한국사회의 중요한 문제들이라 할 수 있다. 이 가운데 학생의 관심사를 선택하여 그 원인과 문제점, 해결방안 등을 제시해 보자.

④ 진정으로 아름다운 삶이란 어떤 상태를 지향하는 것이며, 우리사회에서 이같은 상태를 지향하는 일은 어떤 의미를 지니며, 그것이 사회적 삶과 빚을지 모르는 갈등은 어떻게 해결되어야 하는가.

⑤ 〈도덕적 개인과 비도덕적 사회〉라는 말이 있는데, 이를 우리사회의 경험에 비추어 그 말의 타당성 여부를 판단해보자.

⑥ 여성주의적 관점에서 〈낭만적 사랑과 결혼〉이라는 이데올로기를 어떻게 비판할 수 있으며, 자신의 입장은 어떠한가.

⑦ 최근 여성으로부터 발화되는 성적 담론이 지니는 맹점은 무엇이며, 사회적 관음증의 양상들은 어떻게 표출되고, 이를 어떻게 비판할 수 있는가.

⑧ 최근 논의되고 있는 생태철학의 기본개념은 무엇이며, 생태주의가 갖는 성격을 동시대 한국사회의 환경에 비추어 설명하고, 자신은 이를 어떤 관점에서 이해하고 있는지 말해보자.

⑨ 영상문화의 확대로 인하여 문학의 입지가 약화된 것은 사실이지만, 이때 문학은 어떤 점에서 여전히 그 유효성을 주장해야 하며, 그것은 가능한 일인가.

⑩ 대중문화는 어떠한 관점에서 이해되어야 하며, '문명'과 '야만'이라는 용어가 내포하고 있는 대중문화 이해의 시각은 어떠한 점에서 비판할 수 있는가.

후주

1) 오세영, 『문학과 그 이해』(국학자료원, 2003), p.260.
2) 한원균, 「비평교육은 왜 '비평적 교육'이 되어야 하는가」, 『한국문예창작』, 제1권 1호, 2002, 6월.
3) 구인환 외, 『문학 교수, 학습 방법론』, 삼지원, 1988, p299.
4) 2006년도 1학기에 〈문예창작학전공〉을 신설한 충주대학의 경우 '독서논술지도'(2학년1학기)/'문장과 글쓰기'(2학년1, 2학기)/'문예교육론'(4학년1학기)/'논술연습'(4학년2학기) 등 모두 15시간을 편성해 놓고 있다.
6) 이병창, 〈문화비평―이력서 쓰기와 글쓰기〉, 『교수신문』, 2005. 10. 8.
9) 소광희, 『시간의 철학적 성찰』, 문예출판사, 2001, p.375.
11) 박태일, 『한국 근대시의 공간과 장소』, 소명출판, 1999, p.29.
13) 박혜영, 「문학과 공간 : 이론적 접근, 1」, 『덕성여대논문집』, 제25집, 1996. 이와 함께 그는 문학과 공간의 문제를 작품분석을 통해 실증적으로 드러내고자 하였다. 박혜영, 「문학과 공간 : 모파상의 '강위에서'의 공간분석」, 『불어불문학연구』, 제28집, 한국불어불문학회, 1993.
14) 장일구, 「서사적 공간론의 이론과 실제― '날개'의 해석을 중심으로」, 『서강어문』, 제1집, 서강어문학회, 1997.
15) 안남일, 『기억과 공간의 소설현상학』, 나남출판, 2004. 이와 함께 현대 소설에 나타난 방의 의미에 대한 주제론적 접근을 시도한 논의도 주목을 요한다. 이에 대해서는 이미림, 「한국현대소설에 나타난 '방'의 의미」, 『현대소설연구』, 제14집, 한국현대소설학회, 2001. 참조.
16) 최혜실, 「1930년대 도시 소설의 소설공간」, 『현대소설연구』, 제5집, 한국현대소설학회, 1996.
17) 김종건, 『구인회 소설의 공간설정과 작가의식』, 새미, 2004.
18) 한국소설학회에서 펴낸 『공간의 시학』(예림기획, 2002)은 작품의 공간연구에 대한 주요한 참고문헌이다.
19) 이어령, 『공간의 기호학』, 민음사, 2000.
20) 한광구, 『목월 시의 시간과 공간』, 시와시학사, 1991.
   김혜니, 『박목월 시 공간의 기호론과 실제』, 푸른사상, 2004.

김종태, 『정지용 시의 공간과 죽음』, 월인, 2002.
21) 박태일, 앞의책.
22) J.P.Goldenstein, "L'espace romanesque", Pour lire le roman, Duculot, 1983. 박혜영, 앞의 글, p.180, 재인용.
23) 김화영 편역, 『소설이란 무엇인가』, 문학사상사, 1986, p.150.
24) 池田弦三郞, 『たが身の風景』, 讀賣新聞社, 1976, pp, 199~201, 李孝德, 박성관역, 『표상공간의 근대』, 소명, 2002, p.42, 재인용.
25) 유리로트만, 유재천역, 『예술텍스트의 구조』, 고려원, 1991, p.330.
26) 유리로트만, 앞의책, p.84.
27) 김현승, 『한국현대시 해설』, 관동출판사, 1978.
　　최동호, 『한국현대시의 정신사』, 열음출판사, 1985.
　　김　현, 「旗ㅅ빨의 시학」, 『한국현대 시문학 대계』, 지식산업사, 1981.
28) 오세영, 『한국현대시인연구』, 월인, 2003.
　　김재홍, 『한국현대시인연구』, 일지사, 1986.
29) 이어령, 앞의책.
30) 뤼시앙 골드만, 천희상 역, 「잠재의식 개념의 중요성」, 『현대사회와 문화창작』, 기린문화사, 1982.
31) 최혜실, 앞의글, p.27.
32) 박태원, 『소설가 구보씨의 일일』, 슬기, 1987, p.170.
33) 박혜영, 앞의글, p.180.
34) 이 작품은 1969년 『현대시학』 5월호에 최초 발표되었고, 이후 시집 『문외마을에 기서』(민음사, 1974), 『고은시 전집』(민음사, 1983), 『고은 전집』(김영사, 2002)에 재수록될 때마다 개작되었다. 이 시뿐 아니라 고은 시의 개작에 대한 논의는 연구자마다 분분하다. 이에 대해서는 졸저, 『고은 시의 미학』(한길사, 2001), 제1장, 참조. 본고에서는 1974년 판을 참조하였다.
35) 고은, 「文義 마을에 가서」, 『구도자』, 범우사, 1993, p.28.
36) 우한용, 「창작교육의 이념과 지향」, 『창작교육, 어떻게 할 것인가』, 푸른사상, 2001, p.21.
37) 정현기, 「안개와 수근거림과 애욕의 시대를 지켜본 작가」, 『김승옥』, 문학사상사, 1986, p.347.
38) 「무진기행」의 구조를 공간들의 표상작용을 통해 분석한 글로, 졸고, 「허무와 자유의 미분적 공간, 혹은 환멸의 미학」, 『비평의 거울』, 청동거울, 2002, 참조.
41) 가스통 바슐라르, 곽광수 역, 『공간의 시학』, 민음사, 1990, p.108.
45) 백낙청, 『어느 바람』(창작과 비평사, 2002), 발문, p.279.
49) 헤겔, (서동익 역) 『철학강요』 (을유문화사, 1983, 414면)

제2부
한국문학사의 방법과 쟁점

1. 문학사란 무엇인가
2. 르네 웰렉·오스틴 워렌의 문학사론
3. 기존 문학사 검토
4. 김현·김윤식 문학사의 방법론 검토
5. 한국근대문학의 개관
6. 한국문학사의 주요쟁점

한국문학사의 방법과 쟁점

1. 문학사란 무엇인가

❖문학사:문학+역사

문학사에 대한 정의와 서술 방법론은 매우 다양하다. 문학사는 문학의 역사라는 평범한 논의로부터 문학사론 및 문학사의 방법론에 이르기까지 그 외연이 폭이 넓기 때문에 문학사에 대한 이해가 쉽지는 않다. 문학사는 일단 문학과 역사의 총합이라는 인식이 바탕이 되어야 성립될 수 있는 의미의 연관관계라고 생각할 수 있다. 문학사는 문학적 성과물에 대한 사적인 이해이면서 동시에 현재의 관점에서 볼 때 어떤 작품을 왜 중요하게 생각해야 하는지를 구별하는 가치관의 표현이기도 하다. 문학사 서술 자체가 어렵다는 논의와 문학사는 늘 새로운 관점 위에서 서술되어야 한다는 논의 등 문학사에 대한 다양한 논의가 제출되어 있지만, 본고에서는 몇 몇 중요한 이론가들의 문학사론을 통해 문학사 이해의 실마리를 찾고자 한다.

2. 르네 웰렉, 오스틴 워렌의 문학사론

르네 웰렉과 오스틴 워렌의 공저 『문학의 이론』은 문학 이론의 고전적인 저서로 알려져 있다. 문학에 대한 가장 기본적인 이론을 제시하면서 문학을 공부하려는 사람들에게는 필독서로 인식되어 왔다. 이들의 저서 가운데 문학사에 대한 부분을 요약, 정리하면서 문학사 서술의 기본적인 요건이 어떤 것인지 알아보기로 하겠다.

먼저 문학사는 두 가지 전제가 필요하다. 문학적이면서 동시에 역사적인 서술이 가능한가 라는 문제가 그것이다. 문학적이라는 관점은 문학의 예술성을 강조하는 말이고, 역사적이라는 관점은 문학의 사회성을 강조한 것이다. 문학사는 단순히 문학적 사실(작품)들의 단순한 나열이나 시대 순으로 배열한 집적이 아니고, 시대적인 상황이나 현실을 예증하는 단순한 문헌은 더욱 아니다. 대부분의 문학사는 문명의 역사이거나 비평적 논문의 집적에 불과했다. 전자는 '예술'의 역사가 아니고, 후자는 예술의 '역사'가 아니다.

문학작품은 일정한 구조를 지니고 있다. 이 구조는 역학적인 것으로 인식되어야 한다. 여기서 역학적이란, 독자, 비평가, 예술가의 마음 속을 스쳐가는 도중에 역사의 과정을 통해 변화하고 있다는 의미이다. 해설과 비평, 감상의 과정이 완전히 중단된 예는 없었기 때문이다. 문학사가의 임무는 바로 그 과정을 기술하는 것이고 예술작품의 발달에서 공통적인 소질과 장르, 양식의 형 혹은 언어전통에 따른 고찰을 통해서 최후에는 보편적인 문화의 도식을 추구하는 것이다.

여기서 저자들은 문학작품의 과정을 발달이라는 개념으로 이해할 수 있는가에 대하여 묻는다. 문학에서 발달은 변화, 즉 정상적이며 예언할 수 있는 변화와는 다른 의미이며, 그 이상의 것이라고 말한다. 문학을 생물학적인 진화의 과정으로 이해한 브륀티에르나 목적이 요청된 역사의 진화로 바라본 슈펭글러의 논의를 비판하면서, 이들은 역사적 과정은 가치나 규범에 연관되어야 한다고 주장한다. 역사란 일반적 가치를 개성화하면서 동시에 아직까지 알려지지 않고 예측할 수도 없는 새로운 가치의 형식을 산출하는 것으로 이해한다. 가치의 척도는 그 자체는 역사로부터 얻어진다고 이들은 말한다. 결국 문학사의 진화는 생물학상의 진화와는 전혀 다르고, 하나의 모형을 향해 나가는 통일적인 진보는 더욱 아니라는 것이다.

이들은 작가들 사이의 영향관계에 주목해야 한다고 말한다. 문학작품 상호 간의 관계는 문학의 발달이라고 하는 도식 내부에서, 그 작품 본래의 지위에 맞게 바라볼 때 비로소 유익하게 논의된다. 또한 장르의 문제도 고려해야 하는데, 장르의 역사가 빠진 딜레마는 모든 역사의 딜레마라고 말한다. 장르란, 규제적인 개념, 기초적인 유형 및 현실적인 관습인데 이는 유효한 관습이다.

문학사의 시대구분에 있어서 유의할 점은 시대가, 하나의 실체도 아니며, 시대상의 구분을 위해 존재하는 언어 상의 표시도 아니라는 점이다. 이같은 인식은 문학사 그 자체와는 아무런 연관이 없다. 문학상의 시대구분은 순수하게 문학적인 기준에 의하여 확립되어야 한다고 이들은 주장한다. 시대란 문학상의 규범과 표준과 관습의 체계에 의하여 지배된다. 그러므로 한 시대는 하나의 규범의 체계이다. 따라서 시대의 변화란, 하나의 규범체계에서 다른 규범체계로의 변화를 의미한다. 이러한 문학상의 변화는 세대와 사회 계급의 변화만으로 설명하기 어렵다. 문학상의 변화는 한층 복잡한 과정이기 때문이다. 얼마간은 소모와 변화를 갈망하는 마음에 의하여 발생하는 내적인 것이지만, 또 얼마간은 사회적, 지성적 및 그 밖의 모든 문화적인 변화에 의하여 발행되는 외적인 것이다.

이들은 문학사 서술의 어려움을 다음과 같이 요약하고 있다. 첫째, 보편적인 법칙을 세우는 일이 어려워 보인다는 점. 둘째, 시대구분은 하나의 주요한 도구이지, 절대적인 기준은 아니라는 점. 셋째, 예술로서 한 국민의 문학의 역사를 추구하는 일은 곤란하다는 점. 넷째, 문학이라고 하는 예술의 일반사를 쓴다는 일은 더욱 먼 이상이라는 점이 그것이다.

르네 웰렉과 오스틴 워렌의 문학사론은 문학사 연구의 기초적인 전제에 대하여 치밀하게 설명하고 있다. 그러나 문학사 서술의 구체적인 방법론은 개진하지 않고, 논점을 평이하게 정리하고 있는 인상이 강하다. 하지만 문학사의 의미를 비교적 상세하게 제시했다는 점에서 문학사론의 가치를 지닌다고 할 수 있다.

※ R 웰렉과 A 워렌의 문학사론은 어떤 이론적 바탕을 갖고 있는지 설명하고, 비판하라.

3. 기존 문학사 검토

한국문학사를 살펴보기 전에 기존에 이미 제출된 주요한 문학사를 살펴봄으로써 한국문학사의 서술은 어떠한 방향에서 이루어져야 할 것인가를 생각해 보기로 한다. 여기서는 각 장르론은 제외하고 문학사의 범주에 들 수 있는 저서를 중심으로 그 의미와 한계를 검토해 보기로 한다.

❖기존에 제출된 문학사의 방법론적 특질을 검토하고 비판하라.

① 안자산, 『조선문학사』(1922) : 이 저서는 문학사로서는 최초의 것으로 볼 수 있다. 국문학의 역사를 통시적 관점에서 검초하고 있으며, 민족, 애국운동의 하나로 쓰여진 것으로 볼 수 있다. 왕조중심의 시대구분을 따르고 있는데, 특징적인 것은 이 저서가 안자산의 『자각론』의 서문 형태로 마련되었다는 점이다. 그의 저서는 문·사·철(文·史·哲)을 초함하는 것으로 온전한 문학사로 보기 힘들다는 점에서 문학을 통한 국민사상사로 이해될 필요가 있다. 3·1운동 이후의 시대상을 문학사 서술 자체에서 모색하려는 태도가 강하게 드러나기 때문이다.

② 백철, 『조선신문학사조사』(1947, 1949) : 백철은 이 저서에서 문학현상의 사실에 충실하고자 했다. 프로문학의 신봉자였던 자신이 사상전향을 감행했다는 점에 비추어 볼 때 이는 전향론을 구체화하려는 태도의 소산으로 이해된다. 카프문학에 대한 의도적인 평가절하라는 태도를 드러냄으로써 이 저서가 간행되었던 상황논리에 충실하고자 했다. 그는 저서에서 "문학은 문학이다. 부르주아 문학이든 프로레타리아 문학이든 관사가 중요하지 않다. 관사는 다만 수식에 불과하다"고 말한다. 이 저서는 특히 문인의 내면세우기의 관점으로 이해된다. 이는 조연현의 『한국현대문학사』를 예고하고 있으며, 향후 이들은 남한 문학의 정통파라는 자부심을 토대로 실질적인 문단권력을 행사하게 된다.

③ 김현, 김윤식, 『한국문학사』(1973) : 문학사 서술에서 방법론에 대한 자각이 가장 두르러진 저술이다. 한국 근대문학의 출발을 영·정조 시대로 소급하려는 이론적 모색이 매우 치밀하게 드러나고 있다. 그러면서도 한국문학의 개별성에 대한 철학적 탐색이 강하며, 문학 현상의 배후에 놓이는 사회 상황과의 구조적인 연관성을 추구하고자 했다. (각주. 발생론적 구조주의) 여기서는 근대에 대한 인식이 매우 중요하다. 자아와 개인에 대한 자각과 발견이라는 관점에서 근대를 논의할 때 왕권에 대한 도적을 기록한 『한듕록』이 최초의 근대적 문학의 형식이라고 인식한 것이다. 이들의 방법론이 어떠한 의미를 지니는지는 다음장에서 상세하게 논의하기로 하겠다.

④ 조동일, 『한국문학통사』(1989) : 이 저서는 지속적으로 간행되고 있는데, 실증주의적인 방법을 체계화하고 있다는 의미를 부여할 수 있다. 문학사는 문학적 성과물의 집적이라는 관점 위에서, 문학적 성과에 대한 예술적 가치판단을 통해 문학사를 서술한다는 점에서 임화 등이 제기했던 이식문학론(각주)을 자연스럽게 극복하고 있다는 평가도 가능하다. 왕조사나 정치사가 아닌 문학현상을 시대구분의 전제로 삼았다는 점에서 의미

가 있지만, 문학 현상의 발생 기원에 대한 해명은 미흡한 면이 있다. 또한 자료의 집적에 치중함으로써 정신사나 사상사 등의 의미망을 소홀하게 취급 했다는 비판도 가능하다. 또한 작품 선택에 있어서 연구자의 편견이 드러나는 문제도 발견된다. '문학사는 덧붙이는 것이 아니라, 늘 다시 쓰는 것'이라는 관점에 서 있는 문학사가라면 이 저서의 근거가 불분명해 질 가능성이 있다.

⑤ 김일성 종합대학 편, 『조선문학사』(1989) : 북한 문학사에 대한 이해는 문학을 바라보는 이념적 차이를 실감하게 한다. 당성, 인민성, 노동계급성에 기초한 서술방식을 통해 문학의 개별성과 주체성을 강조하고 있다.

4. 김현·김윤식 문학사의 〈방법론〉 검토

한국문학사의 여러 저술 가운데 김현, 김윤식의 문학사만큼 방법론에 대한 자각이 두드러진 저서도 없다. 이들에게 방법론은 곧 세계관이라는 점이 매우 극명하게 나타나고 있으며, 이것은 문학사를 지성사와 사상사의 종합으로 인식하려는 결과이기도 하다. 이들은 근대의 내재적 발전론에 기초하여 한국의 근대문학은 자생적인 토대를 지녔으며, 이에 대한 탐구 자체가 이식문화론으로 대표되는 일제의 식민사관을 극복하는 이론적 준거가 된다고 생각하고 있다. 이제 이들이 선택하고 있는 문학사 기술의 방법론에 대하여 면밀하게 살펴보기로 한다.

❖실체와 형태

❖예외적 개인

□ 문학사는 실체가 아니라 형태이다

1) 문학사가 문학과 역사를 동시에 포용해야 한다는 진술은 창조적이며 예외적인 작가의 상상적 창조력과 과거의 집적물로서의 작품을 다같이 진

술대상으로 삼아야 한다는 뜻이다.

2) 일반적인 의미에서 문학사란, 과거의 집적물에 대한 사적 기록이다.

① 문학사는 역사와 달리 감성적인 차원에서 서술되어야 한다 : 문학적 집적물은 반드시 감동과 향유라는 정서적 반응을 요구한다.

② 문학사는 개인성의 산물을 대상으로 한다 : 그 개인은 단순한 개인이 아니라 한 시대의 의미를 어떠한 방식으로든지 드러내고 있는 대표자로서의 개인이다.

③ 문학적 집적물은 상상력의 소산이다

3) 문학작품은 옳거나 틀리지 않는다 : 일차적인 의미에서 그것은 좋거나 나쁘다.

4) 일반적인 의미에서 가장 행복한 유효성을 얻은 작품은 안정된 사회에서 그 사회의 풍속, 관념에 알맞은 작품을 생산하였을 때이다 : 전환기의 작가는 자기시개의 이념을 그대로 드러내면서 새로운 사회의 이념을 진보적으로 표현한다(『홍길동전』)

❖ 부분과 전체

5) 문학사는 어떻게 기술하는가?

① 문학적 집적물은 부분과 부분의 상호관계로 파악해야 한다 : 부분은 그 자체로 의미를 갖는 것이 아니라 다른 것과의 관계로서만 가치를 획득할 수 있다.

❖ 의미망

② 부분과 부분 사이의 관계는 일종의 의미망을 형성한다. 그 의미망은 부분과 부분의 관계가치를 부여한 자의 몫이다. 그 의미망을 통해 문학사가와 문학사, 문학적 집적물은 삼위일체를 이룬다.

③ 문학사가는 그 의미망에 관계가치를 부여하는 의미인이며, 그 의미망이 문학사를 이룬다. 따라서 과거의 문학적 집적물은 문학적 실체가 아니라, 관계를 이루려는 기호에 지나지 않는다.

④ 문학사의 진보란 없다. 다만, 새로운 의미망을 구축하려는 노력만

있을 뿐이다.

□ 한국문학은 주변문학을 벗어나야 한다

❖ 이식문학(화)론

1) 이식문화론(임화)

① 보편성의 미망 : '근대화=서구화'라는 등식이 무의식적으로 수용된 결과.

② 근대적인 것은 모두 일본적인 것, 즉 일본을 통해 수입된 것.

③ 한국문학의 주변성에 대한 심리적 콤플렉스 잠재(向 보편 콤플렉스)

2) 한국문학의 주변성은 어떻게 극복될 수 있는가.

① 구라파의 문화를 완성된 것으로 생각해서는 안된다.

② 이식문화론과 전통단절론은 이론적으로 극복되어야 한다.

③ 문화간의 관계는 주종관계가 아니라 굴절관계로 이해해야 한다.

④ 한국문학은 그 나름대로 신성한 것을 찾아야 한다.

□ 한국문학의 시대구분은 이러한 인식 밑에서 행해져야 한다

1) 근대문학의 기점은 자체 내의 모순을 언어로 표현하겠다는 의식의 대두에서 찾아야 한다.

2) 조선사회의 모순을 언어로 표현하고자 했던 싹이 보인 영, 정조 시대를 근대의 기점으로 보아야 한다.

□ 영·정조 기점론의 배경

1) 신분제도의 혼란

2) 상인계급의 대두 및 화폐의 유통과 상업도시의 확대

3) 실사구시파의 등장 : 조선사회의 제도를 근본적으로 회의하는 계층의 대두

4) 관영수공업의 쇠퇴와 독자적인 수공업의 대두 : 시장경제의 형성 가능

　　5) 시조, 가사 등 전통적인 양식이 집대성되면서 판소리, 가면극, 소설 등 문학의 산문화 진행 (사설시조, 잡가, 장편 기행가사 등)

　　6) 서민계급의 성장으로 양반과 서민층을 동일한 인격체로 보려는 경향 : 동학사상

□ 한국문학은 개별문학이다

❖ 역사란 무엇인가

　　1) '모든 역사는 현재의 역사이다'(크로체) : 현재의 상황과 이를 극복해야하는 당위로서의 실천적 요구를 포함한다.

　　2) 의미있는 방법론을 창조해야 한다는 것은 당연하지만 확고한 입장을 제시하지 못했다는 점 : 이러한 회의과정 자체가 우리가 우리의 역사를 대하는 '존재이유'이다.

　　3) 모든 역사가 현재의 역사라고 했을 때, 현재의 우리의 좌표, 즉 1970년대 한국의 상황 전체를 뜻 한다 : 근대화에 대한 열망과 잔존하는 봉건적인 요소 사이에서 갈등하는 현실

　　(『무정』에서 개화파 김장로가 한식 가옥에 수없이 유리창을 달게 했던 상황과 유사)

　　4) 분단국가로서의 시련, 단 한권의 사상사 혹은 지성사도 없는 현실에서 작가들은 창조적 현장성을 얻지 못하고 유산부재의 공허감에 놓여 있다.

　　5) 문학작품의 수준은 언제나 문화의 수준과 병행한다는 사실 앞에 절망함이 차라리 정직하다

　　6) 한 국가의 문학사는 개별문학의 단순한 집적이 아니라, 공통문화권 사이의 상호 문화변용의 역사이다.

　　7) 한국문학사가 개별문학이라는 의미는 한국문학사의 기준이 한국사 총체 속에 있다는 사실이다.

　　8) 문화의 의미

① 문화란 복합적 전체이다. 어떤 문화요소도 문화 전체 속에서 유기적으로 엉켜있다.

② 문화는 가치개념을 사상한다. 즉 가치적 상하관계를 제거한 구조주의적 개념이다.

③ 문화란 제도화된 형태이다. 이 제도 속에서 가치의 개념은 의미가 없다.

9) 한국문화가 주변문화적인 성격을 갖는다고 볼 수 있다.

① 주변문화는 문화 중심에 비해 문화간의 관계가 긴밀하지 못하고 느슨하다.

② 문화수용에서 드러나는 엘리트와 민중간의 편차가 크다.

10) 이러한 주변성을 극복하기 위해서는 한국문화 및 문학은 개별문화 및 문학이어야 한다.

□ 한국문학은 문학이면서 동시에 철학이다

1) 문학의 특수성 : 예술의 한 갈래이면서 언어로 매개되므로 철학의 영역에 닿는다. 여기서 문학은 역사와 만난다.

2) 철학의 과제 : 사물이나 현실을 파악하는 체계적이며 논리적인 통일성의 확보

3) 결국 삶을 이해하고 해석하고 가치판단하는 일련의 행위(문학행위)가 지향하는 바는, 주어진 삶을 어떤 방식으로 수용하고 극복해야 할 것인가라는 세계관의 문제를 유발한다. 이런 문제를 유발하는 행위가 문학사 서술이며, 이 과정에서 당대를 인식하는 일관된 방법론이 필요한 것이다.

□ 김현, 김윤식 문학사 서술의 방법론에 대한 총평

1) 문학사적 의미망을 확대한 점

2) 근대의 기점을 조선 사회의 자체에서 찾으려 한점 : 내재적 발전론

3) 외형적인 변화를 인식론적 차원으로 설명하려한 점 : 가족제도의 붕괴를 언어화

4) 문학사를 단순히 문학작품을 설명하는 행위로 보지 않고 문화와 사상사적인 면을 함께 고찰하고자 하여 문학사 서술 방법론의 편협성을 극복하려는 의지가 보인다는 점

5) 문학외적인 요소를 지나치게 고려할 가능성

6) 한국문학의 개별성을 강조하면서도 '근대'라고 하는 서구적인 잣대를 적용하고 있다는 점

7) 철학의 강조로 문학사 기술의 추상화 위험을 내포한다는 점

※ 김현·김윤식 문학사의 방법론을 요약하고, 주요 개념을 중심으로 토론해 보자.

5. 한국근대문학의 개관

❖ 『무정』의 문학사적 위치

1) 근대문학 기점론 시기구분문제

① 1910년대 기점론 : 이광수 『무정』(1917)

② 1920년대 기점론 : 동인지 시대의 개막 〈창조〉, 〈폐허〉

❖ 사설시조와 근대문학

③ 1985년 갑오경장 기점론 : 개화기 진입

④ 영, 정조 시대 기점론 : 자생적 근대의 징후 발견, 초기 자본주의적 특징, 사설시조의 발생

2) 1910년대

① 이광수의 계몽주의 : 급진적 전통부정의 논리

② 안서(김억)의 번역 : 태서문예신보

3) 1920년대

❖ 카프문학 운동의 문학적 의미

① 초기 : 낭만주의 (동인지의 창간—창조, 폐허, 백조 등)

3·1운동실패/허무, 감상주의/이상화. 「나의 침실로」. 박종화

② 후기 : 현실주의적 사고

1925년 KAPF의 결성—문학의 경향성(tendancy)

지향, 목표, —북한사회주의 : 계급성, 당성, 혁명성

❖ 『님의 침묵』의 문학사적 의미

pt의 계급적 이해를 통한 독립

박영희/김기진/김남천/임화 등

③ 카프의 의미 : (1) 현실과 역사에 대한 개안/과학적 세계인식에 기여

(2) 당대 조선의 계급적 현실에 대한 몰이해—관념적 엘리트주의

❖ E. 런, 『마르크시즘과 모더니즘』의 서술체계와 주요개념

(3) 문학성, 예술성 약화

④ 김소월 『진달래꽃』: 유이민의 정서/땅의 논리/恨의 정서

한용운 『님의 침묵』: 불교적 윤회/변화의 원리

4) 1930년대

① 카프의 해산(1935) : 문학의 계급주의 약화—문학성 중시

② 새로운 것에 대한 갈망 : 해외 이론소개(유학파 : 최재서, 이양하 등)

: Morenism 등장

③ 모더니즘의 두가지 : 역사적 모더니즘—서구사회에서 19초반에 발생한 특정유파

미학적 모더니즘—새로운 것을 추구한다는 미학적 원리

④ 서구모더니즘 : (1) 발달된 서구사회를 배경으로 한 문화이론

(역사적 모더니즘)   (2) 19세기 초반 감성, 낭만성을 중시하는 낭만주의

　　　　　　　　　에 대한 반발 → 규칙, 엄격성, 지적통제 강조
　　　　　　(3) 도시적 세련미, 미적규율, 내면성 중시
　　　　　　　　(의식의 흐름, 큐비즘)
　　　　　　(4) 전위주의, 입체파, 다다이즘, 초현실주의 등이
　　　　　　　　하위부류
　　⑤ 한국의 모더니즘 : (1) 당대 문학적 돌파구 모색으로 시도
　　　　　　　　　　　(2) 이상, 박태원, 정지용, 김광균 등
　　　　　　　　　　　(3) 시대의 암울한 분위기를 외면한 채, 서구적
　　　　　　　　　　　　 논리로 일관

❖ 서정주시와
　토속적 서정

　　⑥ 미당 서정주 초기시의 원리
　　　　　　(1) 수평적 세계에서 수직적 세계로 상승
　　　　　　(2) 욕망으로부터 초월
　　　　　　(3) 뱀(『화사집』)—꽃(『국화옆에서』)—
　　　　　　　　그네(『추천사』)—하늘(『동천』)
5) 1940년대
　　① 가혹한 통치/만주전쟁(1939)/창씨개명/언론폐간(동아일보, 조선일보 등)
　　② 이육사/윤동주의 문학 : (1) 모국어를 유지한다는 것(민족문학의 근간)

❖ 순수, 참여 논쟁의
　문학사적 의미

　　　　　　　　　　　(2) 윤동주 : 떨림, 내면성 중시
　　　　　　　　　　　(3) 이육사의 志士主義
6) 해방공간(1945~1948)

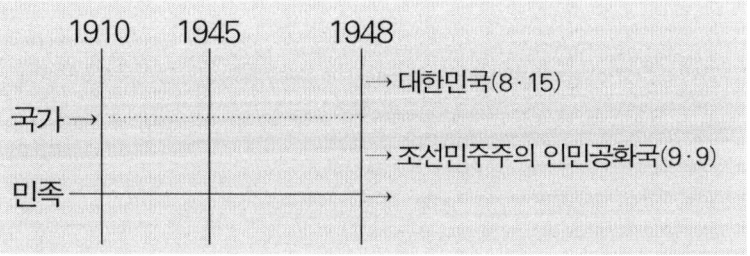

98

① 좌우 이념대립

② 국가선택이라는 희귀한 명제

③ 정부의 부재, 역사의 시간이 증발된 공간

7) 1950년대

실존주의/전쟁에 대한 인식/손창섭/장용학

8) 1960년대

① 감수성의 혁명 : 김승옥「霧津紀行」/문체의 미학

② 순수, 참여문학론 : 백낙청「시민문학론」(1969)의 문제—'소시민' 개념 도입/서구적개념

잘못된 이항대립/문단의 주도권문제/'모든 문학은 참여문학'

9) 1970년대

① 민중문학론 : '민중'의 개념

② 산업화의 문제/개발독재/유신정권

③ 산업화와 여성문제/황석영,「삼포가는길」조선작,「영자의 전성시대」등

④ 조세희,「난장이가 쏘아올린 작은 공」

→ 난장이의 상징성/자본주의, 사회주의 넘어서기/뫼비우스의 띠

⑤ 유신독재의 종말 : 1979. 10·26

⑥ '서울의 봄'(1980. 5)—광주항쟁(1980. 5·18)—군사정권의 출현

❖「난·쏘·공」의 구조적 특질과 문학사적 의미

10) 1980년대

① 광주항쟁이후 자생적 좌파 등장 : 민중, 민족문학론

② 이데올로기의 문제

③ 시의 시대 : 신이 침묵하는 시대의 노래

④ 『태백산맥』의 의미

⑤ 소련연방의 해체/동구 사회주의권 몰락/독일통일

❖ 1980년대와 시의 시대

11) 1990년대

다원주의/포스트모더니즘의 등장/탈정치주의/분단극복의 문제/디지털 시대의 개막

※ 다음 개념을 중심으로 1990년 이후 문학(화)적 상황을 진단해 보자.

▫ 포스트모더니즘

▫ 페미니즘

▫ 탈식민주의

▫ 생태주의

▫ 오리엔탈리즘

▫ 신세대 문학

▫ 하이퍼텍스트

6. 한국문학사의 주요쟁점

　20세기 한국문학사 주요 쟁점 선정은 근본적으로 문학사를 어떠한 관점에서 이해할 것인가라는 문제에 밀접하게 연관되어 있다. 특히 문학사적 현상을 '논쟁과 사조'라는 범주에서 개별화하는 문제는 매우 어려운 일이다. 그것은 두 가지 난점을 내포한다. 하나는 문학사적 현상을 시대별로 나열하는데서 발생할 수 있는 가치의 등가화 혹은 몰가치화이며, 다른 하나는 그 자체가 특정가치의 예속화, 즉 미시적인 현상들을 배제하거나 기존 시각의 무비판적 수용이라는 결과를 가져올 수 있다는 점이다. 그럼에도 불구하고 문학적 '사실'과 '가치판단'의 상호작용이라는 관점을 적극적으로 취입했기 때문에 이같은 쟁점의 정리가 가능했다. 다시 말해 어떤 현상이 문학사적 '맥락'에 위치하는가에 대한 점검이 기초를 이루었다는 것이다. 문학사는 문자 그대로 문학의 역사인데, 작품이 지닌 예술적 특수성과 역사적 의미가 문학사적 인식에 근본이 되어야 한다는 주지의 사실에 바탕을 두면서 하나의 현상이 다른 현상들과 맺는 의미망의 교호작용에 대해서 생각하였다.

　하지만 앞에서 들었던 두 가지 난점에도 불구하고 '문학사적 현상'에 대한 광범위한 고찰은 21세기를 맞이한 시점에서 한국문학사 100년을 나름대로 정리하려는 의도의 소산으로 유의미하며, 그 가운데에서 주요 쟁점을 추출해 본 것은 문학사적 결절점에 대한 인식의 공유였다는 점에서 가치가 있다고 판단된다. 이같은 시도는 물론 문학사적 평가가 이루어지는 모든 '동시대성'에 근거하여 새롭게 이해되고 재평가되어야 할 것이다.

□ 신체시, 신소설의 등장

　한국 근대문학의 기점에 대한 논의는 여러 갈래로 나뉘지만, 내재적 발전론에 닿아있는 영정조 시대 기점론과 신체시와 신소설이 등장했던 19세기 말 기점론이 상대적인 지지를 받고 있다.

한국시가의 전통에서 신체시는 문자 그대로 새로운 시형을 지닌 시가형태를 가리키는 말로 이해된다. 신체시는 개화가사, 창가, 찬송가 유에 외래적인 요인이 강화된 시형이었다. 한국 근대시가의 연원을 시조와 가사에 두고자 하는 태도는 일반화되어 있다. 다시 말해 시조는 그 형식상 평시조와 사설시조로 나뉘는데 평시조는 그 형식을 오늘날까지 보전하고 있으며, 조선 후기에 등장했던 사설시조는 창가와 찬송가 유의 발흥으로 신체시에 대체되었으며, 이것이 바로 자유시형으로 이어진다. 가사는 개화가사 유에 편입되었고, 민요와 더불어 신체시 형식의 공고화에 기여하게 된다.

다시 말해서 한국 근대시는 사설시조, 개화가사 및 신체시, 자유시의 경로를 통해 근대적인 형태를 취했으며, 신체시는 이같은 흐름에서 한국시가의 전환기에 놓였다고 볼 수 있다. 이러한 신체시는 새로운 문화, 문명의 진보, 사회 개혁 등에 대한 신뢰를 바탕으로 이루어진 맹아기 근대의 시형이었다. 최남선의 「해에게서 소년에게」부터 신체시가 출발했다는 논의가 일반화되어 있지만, 그의 「구작삼편」이 효시라는 주장도 있다. 신체시의 주요 작가로는 최남선과 더불어 현상윤, 이광수 등을 들 수 있는데, 잡지 『소년』을 주재했던 최남선의 경우 신체시에 대한 인식은 매우 적극적이어서 '신체시가모집요강'에서 일종의 신체시론까지 제시한 바 있으며, 이 분야의 신인발굴을 시도하기까지 했다.

신소설은 이인직의 「혈의 누」가 단행본으로 발간되었던 시점(1907)을 그 기원으로 삼고 있는 것이 일반적이다. 신소설이라는 명칭은 1906년 2월 1일자 「대한매일신보」의 「중앙신보」발간 공고에서 처음 등장하지만 신소설이 일관된 개념을 갖고 보편적으로 쓰이지는 못했다.

신소설이 문명개화 의식이나 자유연애 등 진보적인 이념을 표현했다는 사실과 그럼에도 불구하고 신소설이 '고대 소설 특히 귀족적 영웅소설의 충실한 연속'(조동일)이라는 관점은 신소설 이해의 중요한 논점이 된다. 그렇지만 신소설은 봉건사회의 해체와 외래의 근대적 문화가 형성되는 과정에서 반봉건과 반외세의 딜레마를 그대로 드러낸 형태로 볼 수 있다. 다시 말해 신문화의 수용이 지니는 친일적 성격과 민족적 주체성의 문제가 자각적으로 구별되었다고 볼 수 없다는 것이다.

그렇지만 신소설은 작중인물과 사건의 실재성을 바탕으로 새로운 시대정신을 반영하고 있으며, 언문일치에 가까운 구어체 문장의 구사는 국문체가 소설문체로 고정되는 중요한 계기를 마련했다. 하지만 신소설은 사서류, 전기물과 다르게 현실비판이나 계몽성이 현저하게 약화되어 있다. 가령, 일제침략에 대한 저항의식을 알레고리 수법으로 드러내는 유형(안국선「금수회의록」, 유원표「몽견제갈량」) 개화라는 명분으로 일제의 침략정책에 동조하는 유형(이인직「혈의 누」, 「은세계」) 등이 그것이다. 특히, 「혈의 누」는 작가의 일본편향성이 상당히 노골적으로 드러나 있으며, 「은세계」에서도 왜곡된 현실에 대한 저항의식은 찾아보기 힘들다. 한말의 의병운동을 부당하게 비판하는 주인공들의 태도는 이인직의 사상적 취약성을 드러낸 것으로 보이기 때문이다.

결국 신소설은 애국계몽계열의 소설이 보여주었던 현실 문제에 대한 인식으로부터 상당히 후퇴한 것이었다. 애국계몽류의 소설이 문학을 역사, 정치와 같은 반열에서 인식했다면 신소설은 문학을 허구와 재미로 이해했다는 것인데, 문학의 장르적 특수성에 대한 자각이 제고되었다는 점에서 신소설은 한층 미적 근대성을 구현한 장르로 이해된다. 하지만 개인의식의 특수성으로써 근대적 주체의 형성이 결여되었다는 한계를 지닌다.

□ 이광수의 등장

춘원 이광수(1892~?)는 작가라기보다는 근대적 지평에 놓인 지식인이었으며 진환기에 놓인 한국사회를 어떻게 인식할 것인가의 문제에 대해 자각적이었던 선구적 엘리트였다. 뿐만 아니라 그는 소설보다 많은 논설문을 썼던 문사였으며, 심미적 경향보다는 개량적 공리주의에 더욱 심혈을 기울였던 계몽주의자였다. 당시의 문인들은 사회 지도층 인사로서 가정이나 개인의 문제를 상담하는 역할을 맡기도 하였는데, 그만큼 장르에 대한 분화된 의식이 갖추어졌다고 보기 어렵다. 이광수의 글쓰기 역시 시, 소설, 수필, 평론, 연설 등 매우 다양한 부분에서 이루어진다.

1909년 12월에 일본어로 쓰여진 단편「사랑인가」(『백금학보』, 19호)가 그의 공식적인 글쓰기의 시작으로 알려져 있지만, 〈매일신보〉에 126회로 연재되었던 장편『무정』에 이르러 그의 문학사적 위치는 확고해 진다. 1919년「조선청년독립단선언」을 기초하기도 했던 민족주의자에서 1921년「민족개조론」을 기점으로 친일행위로 기울어지는 과정은 그 자체로 문제적인데, 1950년 6월 인민군에 의해 납북된 이후 지금까지 그에 대한 평가는 매우 상반된 시각에 이루어졌다.

그러나『무정』의 문학사적 위치는 한국근대문학사에서 지울 수 없는 무게로 남아있는 것이 사실이다. 무엇보다도 이광수는『무정』을 통하여 자기시대의 진보적 이념을 드러낼 수 있었다. 이것은 작품『무정』속에는 자기시대의 집단의식을 반영하는 진취성이 깃들었다는 의미이다. 여기에는 몰락하는 가치관과 새롭게 부상하는 가치관에 대한 형상적 자각이 내포되어 있다. 여전히 완벽한 '~이다'체로 이행되지 못한 한계를 지니고 있지만,『무정』의 문체 역시 문학의 근대성 구현에 일조한 것으로 볼 수 있다.

하지만 개인적 상실의식 및 국가상실 의식이 겹친 춘원에게 민족주의란, 실체를 떠난 관념에 불과한 것이었다(김윤식)는 비판에서 자유롭지 못한 것도 사실이다. 그의 후기 사상은 종교적이고 심미적인 세계로 이행되었으며, 근대가 자본주의를 바탕으로 이루어지는 과학의 세계였다는 점에 대한 자각이 미흡했다. 그럼에도 이광수는 이인직에서 신경향파로 이어지는 하나의 문학사적 맥락에 위치하고 있다는 사실은 분명하다.

□ 카프의 활약

카프문학의 활동에 대한 관심과 연구는 1980년대의 시대적 상황과 밀접한 관련이 있다. 문학사는 현재의 역사라는 관점에서, 카프에 대한 관심은 당대의 시대적 상황에서 연유한 것이었다. 문학사적 사실은 이럴 경우 실체가 아니라, 의미의 재생산을 가능하게 하는 거울이라고 볼 수 있다.

카프(1925~1935, KAPF, Korea Artista Proletaria Federatio의 에스페란토 약어), 즉 '조선프로레타리아 예술가연맹'이라는 명칭이 실질적으로 일반화된 것은 1927년 소위 방향전환이후부터이다. 실천론이 우위에 섰던 청년단체 '염군사'와 '비교적 문화적 교양이 높았던'(임화) '파스큘라'가 통합하여 이루어진 카프는, 한국문학사상 무수한 논쟁을 거치면서 자기정체성을 유지해 간 최초의 단체라고 볼 수 있다. 내용과 형식 논쟁, 목적의식론, 대중화론, 농민문학론, 사회주의리얼리즘론, 전향론 등 자체 내의 논쟁과 민족주의파, 해외문학파와의 대외적인 논쟁을 거치면서 카프는 문학을 통한 현실인식을 다져갔다. 계급모순을 주요모순으로 상정한 카프의 활동은 관념적 낭만주의나 심미적 초월주의를 거부하면서 일제강점기 한국문학의 과학적 인식을 제고하는데 기여했다. 이광수, 최남선 이후 소위 민족주의 진영에 섰던 일군의 문학인들에게는 자기문학의 논리적 인식을 유도하는 결과를 낳았으며, 해방공간에 이르면서 정치와 삶, 국가형태 만들기(김윤식)라는 정치사상적 문제를 제기하기도 했다.

하지만 카프의 활동은 논쟁과 비평의 영역에서 활발하게 이루어지면서 상대적으로 작품현상으로 내면화되지 못한 한계를 지닌다. 그것은 당시 한국사회의 사회, 문화적 지층이 서구 마르크스주의라는 이식된 이론으로 설명이 가능했던가 라는 문제를 야기한다. 즉 지식인 위주의 전위주의 운동으로 멈추고 말았다는 비판이 가능한 이유이다. 이것은 1980년 광주민주화운동 이후 한국문학계가 몰입했던 문제, 즉 민족주의적 민중운동과 변혁적 갈망의 문학적 내면화가 실질적인 작품현상으로 풍요롭게 드러나지 못했다는 사실과 유사하다. 지도비평의 상대적 우위가 전환기의 사회 문제를 이론화하는데 기여했다는 점에서 카프문학의 문학사적 의미는 여전히 문제적인 위치에 있음을 부인하기 어렵다.

□ 모더니즘 시의 한국적 수용

한국문학의 모더니즘 수용은 1930년대 카프문학의 와해와 그로 인한 문학적 방향모색의 일환으로 이루어졌다. 카프해산 이후 한국문학은 전형기의 특징을 강하게 드러내는데, 여기서 전형기란 프로문학이 남긴 문제에 대한 문학적 해법모색기와 휴머니즘론, 지성론, 고전론 등이 제기되었던 1933년에서 1939년의 기간, 그리고 1940년을 전후로 한 세대론, 동양사론에서 「국민문학」지까지의 시기를 포함한다. 이 시기 전체를 관류하는 하나의 특징은 비평의 원리로써 시대적 중심사상의 탐구와 모색이라고 규정할 수 있다. 서구모더니즘의 한국적 수용은 이같은 전환기적 환경과 무관하지 않다.

서구 문화환경에서 성장한 모더니즘 이론을 역사적인 현상으로 인식하는가 혹은 근대성의 문학적 구현이라는 미적 가치로 보는가의 문제는 접근법이 다르지만, 일단 1930년대에 수용된 모더니즘은 정신과 세계관이 아니라, 기법과 태도의 측면에서 이해된 것으로 볼 수 있다.

서구적인 의미에서 모더니즘은 자본주의화와 기술적 합리성의 증대, 인지능력과 문명의 발달, 제도와 행정에 의한 통제와 비판척도의 변화를 바탕으로 성립된 근대성의 예술적 구현형태였다. 그런데 1930년대 한국시사에서 서구의 모더니즘이란 주지주의와 혼동된 개념으로 이해되었다. 백철의 경우는 모더니즘을 이미지즘과 주지주의의 통칭으로 보았으며, 문덕수와 조연현은 주지주의를 이미지즘과 별개로 인식했고, 박철희는 주지주의 대신 모더니즘만 사용하되, 쉬르리얼리즘은 제외시키고자 했으며, 김윤식은 모더니즘을 광의와 협의로 나누어 전자는 근대 이후에 나타난 모든 예술 현상을 총칭하는 것으로, 후자는 그 가운데에서 1920년대 영시에 등장한 이미지즘과 그와 유사한 기법만을 가리키는 용어로 보고자 했다.

한국문학사에서 서구문학의 수용은 영미문학 중심으로 이루어졌으며 특히 일본을 통한 이차적 수용 과정에서 왜곡된 측면을 노출했다. 주지주의라는 용어 역시 일본식 조어로써 엄밀히 말하면 서구에서 20세기 네오클래식(neo—classic) 계열의 흄, 엘리어트, 리챠즈, 허버트 리드 등의 문학 경향에 해당하는 것이다.

한국 모더니즘 시의 전개는 크게 다다이즘 계열, 초현실주의 계열, 이미지즘 계열, 네오클래식의 계열로 나누어 볼 수 있다(오세영). 다다이즘으로는 김니콜라이, 유완희, 김화산 등과 이상과 정지용의 일부작품이, 초현실주의에는 이상 및 '삼사문학' 동인들이, 이미지즘에는 정지용, 김광균, 장만영 등이 네오클래식에는 김기림 등이 포함된다.

한국모더니즘 시운동은 해방 이후 '후반기' 동인이었던 박인환, 김경린, 조향, 김규동 등에 의해 다시 한번 문학적 관심을 제고한다. '후반기' 동인은 1951년에 결성되어 1954년까지 지속되었다고 보는 견해가 일반화되어 있는데, 그들은 사화집 『새로운 도시와 시민의 합창』(1949)을 출간한 '신시론' 동인의 맥을 이은 것으로 볼 수 있다.

모더니즘을 가치의 문제로 이해할 경우 한국 모더니즘은 한국사회의 현실적 배경과 지나치게 유리되었다는 점을 지적할 수 있다. 모든 예술이 자기시대의 삶을 어떻게 내면화하는가의 문제에서 출발한다고 볼 때, 1930년대는 자본주의화와 도시화의 진행에 있어서 현저히 미흡했으며, 1950년대 역시 전쟁의 상처를 극복해야만 했던 삶의 절대적 빈곤문제에 부딪쳐서 문학의 자기인식을 심화시킬 수 없는 상황이었다. 1930년대 모더니즘 시는 비평이론과 함께 새로운 시대의식을 반영하고자 했으며, 1950년대의 모더니즘 시운동은 전시대 모더니즘을 계승하고자 했다는 점에서 문학사적 의미망을 형성하고 있다.

□ 4·19 세대의 문학조류 형성(김승옥과 김현 등의 등장)

4·19 학생 혁명은 문학과 삶, 문학과 역사의 문제를 본격적으로 제기하게 된다. 한국전쟁 이후 전후 복구기를 거치면서 한국문학은 인간의 존재론적 문제에 천착하게 되었고, 한편으로 비민주적 정치세력에 대항하는 삶의 현실에 대해서 의식할 수 있었다. 4·19 학생 혁명은 전쟁이후에 암울했던 현실을 발전적으로 극복할 수 있는 공동체의 패러다임을 형성했지만, 한편으로 혁명 정신의 좌절과 현실적 타락을 목도했던 세대에게 심리적 딜레마에 봉착하게 하였다. 4·19의 문학적 내면화는 굴절과 회피라는 형식으로 이루어졌지만, 가장 극명한 문학적 외화로 강호무, 김치수, 김현, 염무웅, 서정인, 최하림 등이 참여한 『산문시대』의 창간을 들지 않을 수 없다. 특히 김승옥과 김현의 활동은 이후 한국문학의 새로운 패러다임을 형성하게 된다.

전후 존재론적 문제에 몰두했던 한국문학에서 '자기세계의 창조'(김현)로서 김승옥을 주목한 논의는 1960년대 한국문학의 출발이자 개안이었다. 감각적인 문체로 도시의 외곽풍경을 그려낸 김승옥의 「서울, 1964년 겨울」과 감수성의 밀도를 집약적으로 보여준 「무진기행」은 한국문학사의 획을 그은 작품으로 평가된다. 김승옥이 드러낸 도시에서의 우울한 삶의 내면에는 4·19 혁명의식의 좌절과 패배라는 세대론적 감각이 습합되어 있다는 평가(박태순) 역시 주목할 만 하다.

4·19세대의 동인지로 불릴만한 『68문학』, 특히 김현의 활동은 한국문학비평의 질적인 제고를 가져왔다. 4·19 세대를 '역사상 가장 진보적인 세대'로 명명했던 김현의 감각에는 미적 근대성으로서의 문학의 자기이해가 내포되어 있었다. 그것은 전후문학의 무의식에 내재된 집단적 상처에 대한 맹목적 반응에 대한 비판을 담고 있다. 개인의식으로서 감수성의 발견, 곧 자기세계의 문학적 구현이야말로 김현 비평의 출발이자 새로운 문학적 지평의 열림을 의미하는 것이었다. 이후 한국문학의 쟁점 가운데 하나인 문학과 현실의 문제, 삶과 문학의 길항에 대한 많은 논의들은 4·19세대의 등장과 활동으로부터 영향 받은 바가 크다.

□ **순수, 참여논쟁**

1960년대 한국문학에서 순수, 참여논쟁은 해방 이후의 문단적 구도와 사회적 상황에 그 배경을 두고 있다. 1960년대란 해방 이후 소위 '문협정통파'로 불리는 일군의 세대에 의해 한국문학의 탈이데올로기 지향성이 문학권력으로 자리 잡았지만, 교육받은 세대의 증대와 지식의 대중화, 강단비평의 등장이라는 변화된 조짐에 마주한 시기이기도 하다. 특히 전후 실존주의 철학의 수입으로 문학과 삶의 문제, 사회적 존재론과 인간의 문제 등 문학과 현실 문제를 정립하려는 움직임이 문학 내에서 제기되었다는 점은 중요하다.

'참여문학'이라는 용어는 김양수의 「문학의 자율적 참여」(「현대문학」, 1960년 1월호)라는 글에서 처음 사용된 듯 하다. 이후 참여문학이라는 용어는 기존 문단의 주류에 대항하는 의미에서 세대론적 모습을 드러내기도 했다. 이어령, 유종호, 김우종으로 이어지는 일군의 비평가들에 의한 참여론은 전통비판과 비평의 지도성 복원, '민중과 현실'에 대한 관심의 제고라는 명제를 내포하고 있었다.

이에 대해 이형기, 백철 등 순수문학 옹호론자들의 반론과 참여론자들의 재반론이 이어졌지만, 이들의 경우 현실의 비참함에 대해서 작가는 어떤 선택을 할 것인가라는 심정주의적 수준에 머물렀다는 한계를 노정한다. 좀더 심화된 논쟁은 1968년 11월 '문화자유회의'라는 곳의 주최로 열린 '작가와 사회'라는 회의가 있었고, 이를 계기로 김붕구가 「작가와 사회」(「아세아」, 1969년 2월호)를 발표하면서 비롯되었다. 이어령과 김수영 간에 벌어진 '불온시' 논쟁 역시 주목을 요한다.

그러나 문학의 본질적 기능을 생각할 때 참여와 순수라는 이분법으로 문학을 이해한다는 것은 불가능하다. 문학은 상상과 정서적 반응이라는 의미에서 예술성을, 세계를 논리적으로 이해하려는 의미에서 역사와 사회성이라는 두 가지 축에 결부되어 있다는 점에서 1960년대 순수, 참여 논쟁은 소모적이었으며, 세력간의 갈등으로 비화된 측면도 간과할 수 없다. 하지만 논쟁을 통한 비평의 자기이해, 현실주의적 인식에 대한 접근을 통해 이후 비평적 논쟁의 가능성과 한계를 보여주었다는 비평사적 의미를 찾을 수 있다.

□ **민족문학론의 대두**(백낙청, 염무웅 등)

1960년대 순수, 참여문학론은 1970년대 민중주의적 민족문학론에 의해 발전적으로 지양된다. 백낙청의 「시민문학론」(「창작과비평」, 1969년 여름호)은 '소시민'이라는 서구적 개념에 근거를 두고 있기는 하지만, 한국 역사의 정체성과 근대화의 성격, 전통의 단절 여부 등에 관한 깊이 있는 논의를 유도했다고 평가할 수 있다. 백낙청은 이후 민족문학을 외세에 대항하는 근대의식과 반식민, 반봉건 의식이 드러난 특수성의 문학이라고 규정하면서 민족문학론의 개념을 정리해 간다.

염무웅은 민족문학론의 시기구분에서 근대문학의 기점도 민족문학론의 당면과제에 비추어 설정될 필요가 있다고 주장한다. 내재적 발전론에 닿아있는 그의 논의는 조선후기 사회의 변화, 즉 이양법의 보급과 토지의 겸병현상, 대토지 소유주의 등장, 상업도시의 발달과 신분제의 동요 등으로 특징 지워지는 구조변화로부터 민족문학의 토대가 마련되었다고 보았다.

1970년대의 민족문학론은 박정희 정권의 유신이후 이론의 실천적인 자기갱신이 이루어진다. 산업화과정에서 드러난 농촌공동체의 해체와 도시 변두리의 확대, 재벌의 등장과 독재권력의 강화, 문학과 언론 자유의 침해, 인권의 유린 등 한국문학은 현실적인 모순을 상상력의 모태로 삼게 되었다. 민중이라는 포괄적인 개념으로는 계층적, 계급적 분화형태를 적절히 반영할 수 없다는 난점도 있었지만. 고은, 신경림, 김지하, 조선작, 최인훈, 조세희 등의 작품과 함께 민족문학론은 현실적 타당성을 검증받고자 했다. 최원식, 채광석, 성민엽 등의 비평가를 통해 민족문학론은 이론적 정교함을 획득하게 되었고, 이러한 흐름은 1987년 김명인의 도전적인 평론 「지식인 문학의 위기와 새로운 민족문학의 구상」에서 전성기를 맞이하게 된다.

□ **80년대 노동문학의 확산**(박노해, 방현석 등)

1980년대의 노동문학은 5·18 광주민주화 운동을 거치면서 현실적인 근거를 확보하게 되었다. 그것은 노동계급의 자기인식이 정당성을 마련하는 동기였으며, 문학적 실천의 역사적 동인을 갖추게 하였다. 노동문학은 '민중, 민족, 민주'라는 외연을 통해서 현실사회의 주요모순을 노동해방에 두면서 동시에 분단문제라는 민족모순의 해결을 지향했다는 점에서 1980

년대 문학이 가질 수 있었던 '가능의식의 최대치'에 도달 할 수 있었다.

　1980년대의 노동문학은 노동자의 계급의식을 그리는데 한정되지 않고 민중지향적 지식인 운동, 노동운동의 주도세력에 관한 문제, 공동창작과 장르의 확산, 전형성과 도식성이라는 소설 내적인 방법, 소설의 장르적 속성과 역사적 기능, 『장길산』, 『토지』 등에서 보이는 민중적 세계관의 근거와 지향점 등 매우 다양한 논의를 야기했다. 윤정모 「깃발」(1988), 박노해 「노동의 새벽」(1984), 방현석 「내딛는 첫발은」(1988), 황석영 「골짜기」(1987), 정화진 「쇳물처럼」(1987) 등의 작품은 1980년대 노동문학의 문제제기적 특성을 잘 보여준 예이다.

　그렇지만 1980년대 노동문학은 이론적인 도식성의 한계를 크게 극복하지 못했다. 정론비평의 압도적인 우위는 노동문학의 개념과 본질, 내포와 외연에 대한 논의를 분분하게 했지만, 좀 더 예술적인 완성도를 갖춘 작품은 산출되지 못했다는 평가가 지배적이다. 한국의 3대 문학상이라고 불리는 동인문학상, 현대문학상, 이상문학상의 반열에 오른 노동문학작품이 거의 없었다는 점은 대중성과 상업적 고려를 배제한다 해도, 노동문학의 문학적 성취에 문제가 있었음을 반증하는 일이 될 것이다. 그것은 선험적 이론의 무비판적 수용과 작품의 경직성에서 비롯되었다고 볼 수 있다. 문학작품의 현실반영이란 미학적 왜곡이라는 차원에서 형상성에 기초해야 한다는 것은 주지의 사실이다. 이때 형상성이란 인물의 내면성 확보와 밀접히 관련 있는데, 1980년대 노동문학에서 그려진 인간형은 투사적 이론가 혹은 갈등과정이 생략된 전위주의자들에 지나치게 할애되지 않았나 하는 점을 반성해볼 필요가 있다.

　1920년대 카프문학에 대한 관심 역시 1980년대적인 현실인식 위에서 비롯되었고, 그것은 한국문학의 현실주의적 역동성을 확인하게 했으며, 이론과 지도비평의 압도적인 우위가 작품현상과 충실하게 교호되지 못했다는 문제점을 노출했다는 사실을 지적할 수 있지만, 1980년대 노동문학은 문학을 통한 삶의 이해, 모순에 대한 적극적인 관심과 실천적 해법 찾기에 몰두했다는 점에서 한국민족주의 문학론의 정점에 위치했다고 볼 수 있다.

□ 여성작가들의 대거 등장과 페미니즘 문학론의 확산

1987년 6·29 항쟁 이후 한국사회는 급격히 탈정치주의적 관점에 기울어지기 시작한다. 전두환 정권 시절 '호헌철폐', '독재타도'라는 명분과 저항의 논리가 대통령 직선제 수용을 통해서 급격히 와해, 분산되면서 한국사회는 중산층보수주의 의식이 확대되고 진보주의적 노동운동에 대한 회의적 시각을 노출하기에 이른다. 이것은 1989년에서 1992년에 이르는 기간에 있었던 독일의 통일, 소련 연방의 해체, 동구권 사회주의권의 몰락과 무관하지 않다. 이같은 외부적 요인들은 한국 자체 내에 있었던 모순들에 대한 적극적인 관심을 무력화하는데 기여했다. 표면적으로 정치적 정당성이 확보된 정권이 들어서고, 광범위한 소비사회가 형성되었고, 세계사적으로 자본주의의 압도적 우위가 증명되고 있다는 판단아래, 변혁에 대한 갈망은 위축되면서 문화는 개인주의, 내적 진실의 절대화, 탈정치주의로 전환되기 시작한다.

여성작가들의 등장과 페미니즘 문학론의 발흥은 이와 같은 사회, 문화적인 분위기를 근본으로 하고 있는데, 현실주의 이론의 쇠퇴와 함께 수입된 서구의 포스트모더니즘은 이같은 문학현상에 이론적 정당성을 부여하게 되었다. 이성중심주의, 남성중심주의, 역사발전론 등에 대한 근본적인 회의로부터 비롯된 포스트모더니즘의 수용과 더불어 여성주의적 관점에서 세계를 어떻게 이해하고 구성할 것인가의 문제가 1990년대 한국문학의 화두로 자리잡게 되었다. '억압된 것들의 귀환'이라는 프로이트의 명제와 강력한 가부장적 유교사회라는 현실은 페미니즘 이론의 활동적 근거가 되었다.

신경숙, 은희경, 김형경, 배수아, 서하진, 전경린, 조경란, 이혜경 등 여성작가들의 등장은 여성의 자기이해와 더불어 여성적 주체로서 삶의 문제를 다양한 각도에서 조망함으로써 왜곡된 삶의 현상, 남성적 욕망이 지배하는 문화구조 속에서 여성의 위치와 존재론적 의미 등에 대한 심도 있는 질문을 던졌다는 의미를 찾을 수 있다. 그러나 여성의 자기이해가 가족중심주의, 자의식의 과도한 분출, 댄디즘적 문화환경의 맹목적 신뢰를 보였다는 비판도 야기했다. 20세기 한국문학사의 대미는 여성작가들에 의해 장식되었다는 진단은 한국 페미니즘 문학의 의미와 한계를 동시에 드러내는 평가라고도 할 수 있다.

□ **문학의 매체적 확산, 영상매체 등 비주얼 문화양식의 문학적 수용**

1990년대란 물리적인 환경의 새로움 뿐 아니라, 삶을 인식하는 패러다임의 변화를 경험하게 했던 시간이다. 분단모순과 정치적 후진성, 계층갈등, 경제의 구조적 모순 등을 어떻게 극복할 것인가라는 문제와 더불어 삶이란 거대한 '이미지의 감옥'이자 '비실재성의 실재화'를 가능하게 하는 공간이라는 점을 깨닫게 했다.

광고, 영화, 인터넷 등을 통한 의사소통의 형식은 문화의 다층으로 분산, 침투하였고, 사소한 일상적 층위조차 규정하고 지배하면서 개인의 내면으로 심화, 집중되었다. 광고는 상품 매출지상주의라는 전략을 숨기면서 이미지의 재생산과 확산을 통해 일상을 포위한다. 급속도로 보급된 초고속통신망을 통한 인터넷은 정보의 대중화와 균질화에 기여했지만, 탈산업화시대 인간소외의 한 양상을 극명하게 보여주기도 한다. 더 이상 출구가 없어 보이는 일상의 벽과 권태와 단조로움, 무한경쟁과 우울, 광기의 시간으로부터 이탈하고자 하는 욕망의 탁월한 외화형태로서 영화는 이제 삶의 기본적인 필요조건이 되고 있다.

이와 더불어 '모든 길은 롯데월드로 통한다', '나는 소비한다, 고로 존재한다'는 소비사회의 명제는 증명의 필요성조차 없어지게 되었다. 욕구충족을 위한 일차적인 소비가 아니라, 소비의 욕망을 소비하는 '소비의 소비', '기호의 소비'를 경험하는 것처럼, 이제 이미지를 소비하는데도 우리의 삶은 익숙해져 있다.

이같은 문화적 환경 속에서 많은 작가들은 자신의 작품 속에 새로운 의사소통의 형식들을 차용하고자 했다. 영화의 삶과 일상의 삶을 겹치게 함으로써 가상현실과 실재성 사이의 간극을 무화시키거나, 아예 영화의 대본처럼 소설을 구성하거나, 무수히 많은 영화의 장면과 이미지들 속에서 인물의 정체성이 형성되는 과정을 보여주기도 하였다. 뿐만 아니라, 인터넷 채팅을 소재로 한 작품들 역시 양산되었다.

문학은 당대의 삶의 형식과 구조적인 상동성이 존재한다는 의미에서 이와 같은 현상들을 이해할 수 있겠지만, 작가들의 지나친 대중추수주의, 일회적이고 감각적인 소비욕망에 대한 예속화, 비판기능의 무력화, 고급상업주의의 위장된 전략, 삶의 일면을 강조하는 허위의식의 양산 등의 비판으로부터 자유롭지 못한 것도 사실이다.

제3부

부록

1. 근대, 근대성, 미학적 근대에 관한 시론
2. 타자성, 비판, 인정투쟁 ─ 21세기 한국문학을 생각한다
3. 생태주의 시와 시론의 의미와 한계

*참고문헌

부록

1. 근대, 근대성, 미학적 근대에 관한 시론

〈전제〉 이론은 '비평적 이론'이어야 한다.
(1) 문학이론이란 형식주의적 관점에서 이제 입지가 축소됨.
(2) 제반학문 : 정신분석, 정치학, 사회학, 언어학, 철학 등이 〈비평적 이론〉을 구성
(3) 인문학적 상상력이란, 비판과 균형감각을 지니면서 세계를 논리적, 분석적으로 이해하는 힘을 배양하는 것.

1) 근대성
① 이성중심주의
② 역사발전사관
③ 기술적 합리성 증대

2) 이성중심주의
① 이성이란 : 합리적으로 사유할 수 있는 판단력.

② 헤겔의 정신현상학에서 이성의 형성과 운동
③ 서구적 합리성의 근거

3) 역사발전사관
① 역사는 어떻게 진행되는가
② 대립과 투쟁의 역사 : 신채호—我와 非我의 투쟁

4) 근대적 주체
① 주체 : 인식과 행위의 중심
② 주체와 대상 : 인식론의 핵심
③ 주체는 구성된다. 모든 주체는 인식의 주체, 따라서 주변세계를 자기대로 보는 것, 인식한다는 것은 주변의 존재들과 자신을 적극적으로 관계맺는 것. 여기서 주체는 자립적 주체라기보다 세계에 의해 구성되는 비자립적 주체.

5) 몇 가지 층위

① 자본주의화/도시화

　도시화 : 전통과 일상으로부터 해방/소외/단편화한 경험공간/익명성/자아의 계발/복합성과 다양성/보편적 규준의 지배/관계의 중층화

② 비판개념의 변화 : 인간중심주의/제도와 행정의 지배/탈신비화, 탈주술화/수학적 추상

③ 사회적 생산의 변화 : 시장경제체제의 확대/물질적 매개

6) 미학적 근대성(모더니즘)

① 미학적 자의식/자기반영성 : 자기의 재능을 중시. 마음의 내밀한 상태를 표현하기 위해 시각적, 언어적 왜곡./자기참조적 구성물 self—referential construct

② 동시성, 병치 : 경험의 동시성 강조. 인과적 시간관 제거. 열린종결과 〈지속적 현재〉 강조. 낯설게 하기

③ 패러독스, 모호성, 불확실성 : 현실은 상대적 전망으로 구성된 것

④ 〈비인간화〉와 통합적 개인의 주체 또는 개성의 붕괴 : 개인성의 위기/물질적 관계의 주체화 → 소비사회의 특징/소비의 소비

⑤ 예술의 대량생산과 소비 : 아우라 aura의 상실, 복제시대의 예술/'엘리트 상업주의'

7) 근대성 비판

① 이성중심주의 비판

② 역사발전사관 비판

③ 남성중심주의 비판

④ 이성의 도구화, 도구적 이성 비판

⑤ 자본주의와 지배, 행정, 분배의 문제

⑥ 합리적 제도와 의식의 문제

8) 한국문학의 미적 근대성의 논의

① 한국문학의 미적 근대성의 문제는 해방이후 역사적 특수성과 관련
: 근대화 경험과 의식적 주체의 형성과정

② 작품의 내적 자율성과 근대적 주체의 문제 : 기법과 형식의 발견

③ 미적 근대성은 근대성의 논의와 무관한가

④ 문학사적 의미망을 구축하려는 하나의 시도

2. 타자성, 비판, 인정투쟁 ─ 21세기 한국문학을 생각한다

1) 서론
(1) 개별작품의 의미를 한국문학 전체의 지형도와 관련하여 보자
(2) 한국문학이 당면한 두 가지 문제 : 민족내부모순의 극복/실존과 인간의 문제
(3) 고은의 문학을 주목하는 이유 : 보편성과 특수성의 문제

2) 본론
─ 타자와 승인운동의 의미

① 신을 '잃어버린' 시대의 문학/신이 '존재하지 않는' 시대의 문학

② 현실사회주의의 붕괴와 한국사회

③ 90년대 한국시

(1) 자본주의의 일상성과 비판의 부재
(2) 성적 담론과 문화적 거품

④ 문학적 신비주의와 생태주의의

(1) '인간화된 자연'에 대한 비판

(2) '도구화된 이성'에 대한 비판

(3) 소재주의의 극복

(4) 경험적 차원과 미학적 차원

⑤ 타자와 시 : 타자란 무엇인가?

(1) "나는 다른 사람이에요 나는 나인 걸 견딜 수 없어요"(김정란)

(2) "즉자성이란 어떤 타자를 위해서만 있는 대상의 존재양식이다"(헤겔)

(3) 시쓰기와 맨얼굴 드러내기

(4) 사회적 관음증으로서의 시

(5) 성찰과 비판의 부재

(6) 타자와의 관계를 복원하는 꿈꾸기

⑥ 승인운동(인정투쟁)과 한국문학

(1) 역사는 끝났는가

(2) 한국소설의 운명

⑦ 현실사회주의 몰락과 모순의 존재방식

⑧ 탈북자 문제와 소설

3) 결론

―비판의 유효성

① 보들레르, 「알바트로스」
② '상처'와 삶
③ 시인은 모두 해탈하려는 것인가?
④ 모순과 현실인식의 유효성 : 다시, 비판이란 무엇인가

3. 생태주의 시와 시론의 의미와 한계

1) 서론

(1) 왜 '생태주의'인가
(2) '가장 근본적인 것이 가장 진보적이다'
(3) '에코필로소피' ecophylosopy의 정립

―자연철학은 의식과 의식의 주체의 이분법적 구조 속에서 관찰자 이외의 모든 '대상'에 관한 지식을 추구한다. 여기서는 명백히 '인간화된 자연'이 대상이 된다. 생태철학은 이와 반대로 '의식적 존재'가 주체가 되는 것이 아니라, '자연존재'가 주체이면서 자연의 자연성을 문제삼는다.

― '인간주체 중심'의 폐해를 인식하는 의식의 패러다임이 전환되어야 한다.
→ 백무산, 「인간의 시간」 〈대지의 시간은 인간의 시간을 거역한다〉

2) 본론

① 시적 긴장감이 상실된 삶 : 신의 부재를 인식하던 주체의 열망이 존재했던 시대, 낭만적 아이러니 romantic irony가 존재했던 시대의 시 쓰기(읽기)는 아름다웠다.

② 90년대는 모든 결핍이 충족된 듯한 사회. 방만함이 '문화'의 외피를 쓰고 나타나서 일탈을 정당화하는 시대. : 현실사회주의의 붕괴와 한국 사회 자체 내 모순의 잔존은 같은 맥락에서 파악될 수 없다.

③ 90년대 한국시의 방향은 어떤가
—자본주의의 일상성에 깊이 침윤되어 비판이 무력해지거나 허위의식을 양산하는 경우 → 하재봉, 「발전소에서」/ 신현림, 「세기말 부르스.3—나중이란 없다」
—성적 정체성에 대한 물음이 문화적 거품으로 과대포장되는 경우
→ 진수미, 「바기날 플라워」

④ 문학적 신비주의의 문제
—생태주의란 인간의 자발적 생의 욕망을 억압하는 모든 불온한 것들에 대해서 노래하는 것이다. 자연을 파괴하고 인간을 파괴하는 정치, 권력의 비리, 경제의 파탄 등에 대해서 노래해야 한다.
—우리에게 가장 중요한 민족적 삶의 문제인 분단극복이 우리에게는 중요한 과제로 남아있다.

—생태주의 철학이 시의 경우는 자연과 생명의 아름다움과 외경을 노래하는 차원에서 그치고 있다. 그것은 지나치게

—미학적 세련성의 결여 문제 : (1) 작품의 미학적 완성도를 측정하는 중요한 기준이 작품밖에 존재할 가능성, 즉 시인의 윤리적 삶이 작품해석의 중요한 지침이 될 수 있다는 점, (2) 이는 '자기미화'의 욕망을 증폭시켜 문학작품을 윤리적, 계몽적 관점에서 이해하게 할 가능성이 있다. (3) 작가(시인)의 경험세계와 미적 경험은 다른 차원이다. (예, 서정주의 시와 삶) 이 둘을 무차별적으로 등치시킬 때 작품이해의 천박함을 초래할 수 있다.

3)결론

① 보들레르, 「알바트로스」 시인의 삶은 여전히 지상에 유배된 존재, 불완전한 형식으로 불완전한 삶을 노래하는 것, 그것이 우리시대의 시인의 운명이 아니겠는가.

② 여전히 '상처'를 인식하거나, 오히려 상처를 더욱 처절하게 바라보는 자세가 필요한 것은 아닐까.

→ 정호승, 「갈대는 새벽에 울지 않는다」

이대흠, 「내가 나에게 들켜버렸을 때…」

③ 시인은 모두 해탈하려는 것인가?

*참고문헌

고 은, 『1950년대』, 청하, 1989.
고재석, 『한국근대문학지성사』, 깊은샘, 1991.
권영민, 『한국현대문학사』, 민음사, 1993.
권영민, 『한국현대문학사』, 민음사, 1993.
김 현, 허무주의와 그 극복, 사상계, 1968. 2.
김 활, 『모더니즘 문학론과 질서』, 한신문화사, 1993.
김낙중, 한국노동운동사 해방 후편, 청사.
김낙중, 『한국노동운동사』 해방 후편, 청사, 1986.
김병익, 「60년대 문학의 위치」, 사상계, 1969. 12.
김병익, 60년대 문학의 위치, 사상계, 1969. 12.
김붕구, 실존주의 문학, 사상계, 1958. 8.
김영무, 『시의 언어와 삶의 언어』, 창작과비평사, 1990.
김영화, 『분단상황과 문학』, 국학자료원, 1992.
김영화, 『분단상황과 문학』, 국학자료원, 1992.
김용직, 『한국현대문학의 사적탐구』, 1997.
김윤식, 앓는 세대의 문학, 현대문학, 1969. 8.
김장한 외, 80년대 한국노동운동사, 조국.
김장한 외, 『80년대 한국노동운동사』, 조국, 1989.
김재홍, 『한국현대시의 사적 탐구』, 일지사, 1998.
김주연 외, 『한국현대문학의 이론』, 민음사, 1982.
김준오, 『한국현대시론사』, 모음사, 1992.
김준오, 『한국현대시론사』, 모음사, 1992.
김준오, 『한국현대장르비평론』, 문학과지성사, 1990.

김진균 외, 『한국사회론』, 한울, 1990.

김진균 외, 『한국사회연구』, 한길사, 1985.

김현,김윤식, 『한국문학사』, 민음사, 1973.

김흥규, 『조선후기의 詩經論과 시의식』, 고대민족문화연구소, 1988.

류근일, 「50년대 조명, 그 논리적 귀결」, 『월간조선』, 1981. 6월.

류근일, 「50년대 조명, 그 논리적 귀결」, 『월간조선』, 1981. 6월.

리챠즈, 『시와 과학』, 이삭, 1983.

박명림 외, 한국전쟁의 이해, 역사비평사, 1990.

박호영, 1950~60년대 시전문지 현황, 현대시학, 198. 4월.

백승철, 전후작가의 문제의식, 세대, 1966. 2.

백철, 한국문단 10년, 사상계, 1960. 2.

서대숙, 이정식 외, 한국현대사의 재조명, 돌배개.

서대숙, 이정식 외, 『한국현대사의 재조명』, 돌배개, 1988.

송건호, 『민족지성의 탐구』, 창작과비평사, 1992.

송하춘 외, 『1950년대의 시인들』, 나남, 1994.

송하춘 외, 『1950년대의 시인들』, 나남, 1994.

안병직, 박성수 외, 한국 근대 민족운동사, 돌베개.

안병직, 박성수 외, 『한국 근대 민족운동사』, 돌베개, 1987.

안병직, 신용하 외, 변혁시대의 한국사, 동평사.

안병직, 신용하 외, 『변혁시대의 한국사』, 동평사, 1986.

염무웅, 민중시대의 문학, 창작과 비평사, 1984.

염무웅, 『민중시대의 문학』, 창작과 비평사, 1984.

오양호, 전후 35년의 한국시, 시문학, 1985. 11월.

우나무노, 생의 비극적 의미, 삼성출판사, 1976.

유 협, 『문심조룡』, 민음사, 1994.

유재일, 한국전쟁과 반공이데올로기의 정착, 역사비평, 1992, 봄.

윤정룡, 「1950년대 한국모더니즘시 연구」, 서울대 박사, 1992.

윤정룡, 『1950년대 한국모더니즘시 연구』, 서울대 박사, 1992.

이기윤, 『전쟁과 인간』, 한샘, 1992.

이기윤, 전쟁과 인간, 한샘, 1992.

이남호, 「1950년대 전후시인들의 성격」, 『현대시학』, 1994, 6월.

이남호, 「1950년대와 전후세대 시인들의 성격」, 현대시학, 1994, 6월.

이남호, 1950년대와 전후세대 시인들의 성격, 현대시학, 1994, 6월.

이동하, 「70년대 시와 현실인식」, 현대시, 1984, 여름.

이선영, 아웃사이더의 반항, 현대문학, 1966, 12.

이재오, 해방후 한국학생운동사, 형성사.

이재오, 『해방후 한국학생운동사』, 형성사, 1989.

이형기, 50년대 후반기의 시인들, 심상, 1975, 8월.

전기철, 한국전후 문예비평의 전개양상에 대한 고찰, 서울대 박사, 1992.

전봉건, 김성한, 지성과 휴머니즘에 대하여/문학과정치/신인의 이유와 가치, 문학예술, 1956,7.

정명환, 『20세기 이데올로기와 문학사상』, 서울대출판부, 1988.

정명환, 20세기 이데올로기와 문학사상, 서울대출판부, 1988.

정한모, 『현대시론』, 민중서관, 1973.

정한모, 『현대시론』, 민중서관, 1973.

조가경, 실존철학, 박영사, 1991.

조가경, 『실존철학』, 박영사, 1991.

조건상 편, 『한국전후문학연구』, 성대출판부, 1993.

조건상, 『한국전후문학연구』, 성대출판부, 1993.

조동일, 「미적범주」, 『한국사상대계』, 1권, 성대 대동문화연구소, 1972.

조태일 외, 『한국문학의 현단계』, 4권, 창작과비평사, 1985.

조태일 외, 『한국문학의 현단계』, 4권, 창작과비평사, 1985.

청사편집부, 70년대 한국일지, 청사.

청사편집부, 『70년대 한국일지』, 청사, 1986.

카이저, 『언어예술작품론』, 대방출판사, 1984.

하이네만, 황문수 역, 실존철학, 문예출판사, 1990.

한계쩐, 전후시에 있어서 모더니즘적 특성과 그 가능성, 시와시학, 1991, 봄, 여름.

한국사회연구소 편, 동향과 전망, 88 상반기(태암출판사)/89 겨울, 90봄, 90여름(백산서당).

한국산업사회연구수, 한국사회와 지배이데올로기, 녹두, 1991.

홍사중, 폐허에 나부끼는 증인의 깃발, 세대, 1964. 6.

B. Cummings, The Origin of Korean War 『한국전쟁의 기원』(김자동 역), 일월서각, 1986.

C. Lasch, 『나르시즘과 문화』(최도경 역), 문학과 지성사, 1989.

E. Levinas, Le Temps et L'autre 『시간과 타자』, 강영안 역, 문예출판사, 1996.

E. Lunn, Marxism and Modernism 『마르크시즘과 모더니즘』(김병익 역), 문학과지성사, 1986.

F. Jamson, 『변증법적 문예이론의 전개』, (여홍상, 김영희 역), 창작과 비평사, 1984.

G. Bachlard, 『공간의 시학』(곽광수 역), 민음사, 1990.

I. ARichaed, 『문예비평의 원리』(김영수 역), 현암사, 1970.

J. Lotman, The Structure of the Artistic Text 『예술텍스트의 구조』

(유재천역), 고려원, 1991.

M. Bakhtine, 『장편소설과 민중언어』(전승희 외역), 창작과 비평사, 1988.

M. Heideger, 『시와 철학』, (소광희 역), 박영사, 1980.

N. Frye, 『비평의 해부』(임철규 역), 한길사, 1982.

P. Gey, 『계몽주의의 기원』(주명철 역) 민음사, 1998.

N. Grebstein, Perspectives in Contemporary Criticism, Haper & Row, 1968.

R. J. Berstein, Habermas and Modernity, The MIT Press, 1985.

R. Wellek / A. Warren, Theory of Literature, Peregrin Book, 1966.

Richards, I. A. Pratical Criticism, H. B. & World Inc. 1929.

NOTE

NOTE

NOTE